Natürlich!

Natürlich!

Köstliche Rezepte für eine gesunde Ernährung

Parragon

Bath • New York • Cologne • Melbourne • Delhi
Hong Kong • Shenzhen • Singapore • Amsterdam

This edition published by Parragon Books Ltd

Neue Rezepte: Georgina Fuggle
Einleitung: Anne Sheasby
Fotos neuer Rezepte: Mike Cooper
Fachberatung: Lincoln Jefferson
Grafik: Karli Skelton
Senior Editor: Cheryl Warner
Illustrationen: Sarah Dennis, Courtesy New Division

Parragon Books Ltd
Chartist House
15–17 Trim Street
Bath, BA1 1HA UK
www.parragon.com

Realisation der deutschen Ausgabe:
trans texas publishing services GmbH, Köln
Übersetzung: Melanie Schirdewahn, Köln
Lektorat: Şebnem Yavuz, Erpel
Redaktion: Nazire Ergün, Köln

ISBN 978-1-4748-1044-9

Printed in China

HINWEIS

Sind Zutaten in Löffeln angegeben, ist immer ein gestrichener Löffel gemeint: Ein Teelöffel entspricht 5 ml, ein Esslöffel 15 ml. Sofern nicht anders angegeben, wird Vollmilch (3,5 % Fett) verwendet. Eier und einzelne Gemüsestücke sind von mittlerer Größe. Pfeffer wird grundsätzlich frisch gemahlen verwendet. Wurzelgemüse sollte vor der Weiterverarbeitung geschält werden.

Garnierungen, Dekorationen und Serviervorschläge sind kein fester Bestandteil der Rezepte und daher nicht unbedingt in der Zutatenliste oder Zubereitung aufgeführt. Die angegebenen Zeiten können von den tatsächlichen abweichen, da je nach Zubereitungsmethode und vorhandenem Herdtyp Schwankungen auftreten.

Kinder, ältere Menschen, Schwangere, Kranke und Rekonvaleszenten sollten auf Gerichte mit rohen oder nur leicht gegarten Eiern verzichten. Schwangere und stillende Frauen sollten den Verzehr von Erdnüssen oder erdnusshaltigen Zubereitungen vermeiden. Allergiker sollten bedenken, dass in allen in diesem Buch verwendeten Fertigprodukten Spuren von Nüssen enthalten sein könnten. Bitte lesen Sie in jedem Fall zuvor die Verpackungsangaben.

Inhalt

Am besten natürlich

Einfache, natürliche und frische Zutaten sind der Schlüssel für eine vollwertige, gesunde Ernährung. Wer mehr nährstoffreiche und weniger bearbeitete Lebensmittel zu sich nimmt, gewinnt dadurch Energie und findet zu körperlicher und seelischer Ausgeglichenheit.

Niemand braucht schnelllebige Modediäten oder schädliche Mittel zum Abnehmen. Der perfekte Weg zum individuellen Idealgewicht ist gesundes, selbst zubereitetes Essen aus natürlichen Zutaten. Dieses Buch bietet eine Fülle von Anregungen für leckere Mahlzeiten, die reich an Nährstoffen sind und jede Menge Kraft spenden. Tipps und clevere Lösungen für einen einfachen, natürlichen Speiseplan ergänzen die Rezepte. Die Basis bilden frische, natürlich belassene Zutaten. Dazu kommen sogenannte Superfoods, die für eine Extraportion Vitalität und Gesundheit sorgen – die ideale Mischung für den täglichen Speisezettel! Für jeden Geschmack ist etwas dabei. Wer nicht alles verträgt, findet hier auch zucker-, gluten- und milchfreie Rezeptideen.

Ein gesundes Frühstück ist der Startschuss in einen guten Tag, denn es treibt die Energiereserven in die Höhe, damit Konzentration und Leistung tagsüber stimmen. Den morgendlichen Kick verleiht eine Auswahl nahrhafter Frühstücksrezepte mit Gerstenbrei, Pfannkuchen, Blinis, gebackenen Eiern, Muffins oder Waffeln.

Dann folgt ein Kapitel mit verlockenden Mahlzeiten für den Mittag, die Abhilfe schaffen, sobald der Magen knurrt. Köstliche Suppen, Superfood-Salate, Fladenbrot, Frittata, Wraps und Quiches stehen hier im Rampenlicht.

Wenn es tagsüber bergab geht mit der Energie, finden sich im nächsten Kapitel Supersnacks und Beilagen, die alle Batterien wieder auffüllen. So wird die Zeit bis zur nächsten Mahlzeit mühelos überbrückt. Zu den effektivsten Hungerstoppern gehören selbst gemachtes Popcorn, Energiekugeln, Nüsse, Kürbisspalten und Falafeln.

Danach dreht sich alles um Dressings und Saucen, die knackige Salate und bekömmliche Pastagerichte perfekt ergänzen, ohne zu belasten. Einige ausgezeichnete Dips stehen ebenfalls zur Wahl.

Ein regelrechtes Fest für Vegetarier entfaltet sich mit dem reichhaltigen Angebot an Gemüse, Reis, Pasta und Trendkörnern wie Emmer und Quinoa. Die meisten dieser Gerichte lassen sich warm und kalt genießen.

Zum Kapitel Proteine mit Power gehören gesunde, ausgewogene Rezepte aus aller Welt. Salate und Pfannengerichte mit den besten Nährstoffen, herzhaftes Fleisch vom Grill oder aus der Pfanne und einige besondere Couscous-Kreationen zeigen, wie köstliche pure Energie schmecken kann.

Eine feine Auswahl bekömmlicher Desserts und Backwaren kann süßen Gelüsten auf mancherlei Weise gerecht werden. Zu Ofenkreationen wie Crumble, Brownies und Cupcakes gesellen sich gekühlte und gefrorene Leckereien wie Cremespeisen und Eiscreme.

Den Abschluss bildet Nahrhaftes in flüssiger Form: belebende Tees und erfrischende Aufgüsse, außerdem stärkende Kreationen aus Saft, Milch und Sahne.

Nahrhaft und entschlackend

Einfache, natürliche und gesunde Zutaten sind problemlos fast überall erhältlich. Wer sie täglich in abwechslungsreicher Vielfalt auf den Speiseplan setzt, tut sich selbst den größten Gefallen. Empfehlenswert sind mageres Fleisch, weißes Fischfilet und Fettfisch, verschiedene Hülsenfrüchte, mindestens fünf Portionen Obst und Gemüse täglich, Milchprodukte oder Soja-Alternativen, Naturreis, Vollkornpasta, Eier, Nüsse und Saaten. Kräuter und Gewürze verleihen den Gerichten mehr Pfiff und Geschmack.

Obst und Gemüse sind die Verzehrempfehlung Nummer eins; am besten kombiniert man mehrere verschiedenfarbige Sorten. Besonders reich an Antioxidantien sind beispielsweise Rote Bete, Beeren (Brombeeren, Blaubeeren, Himbeeren), Brokkoli, Kohl, rote Weintrauben, rote Paprika, Spinat oder Tomaten.

Weißmehlprodukte müssen nicht sein. Gesündere Alternativen für Getreide sind Naturreis, Vollkornnudeln, Vollkornmehl und Vollkornbrot, dabei sorgen Roggen, Buchweizen, Quinoa oder Dinkel für interessante Abwechslung vom Weizen-Einerlei.

Nüsse liefern jede Menge Eiweiß, wertvolle Vitamine und Mineralien. Obwohl ihr Fettgehalt recht hoch ist, handelt es sich dabei vor allem um ungesättigte, also gesündere Fette. Saaten wie Kürbiskerne, Sonnenblumenkerne, Sesam, Chia oder Leinsamen machen jede Mahlzeit gehaltvoller. Süßes wird nahrhafter mit braunem Rohrohrzucker statt mit Industriezucker.

Fleisch- und Fischesser greifen am besten zu magerem Fleisch und Geflügel und achten darauf, auch Fettfisch, der reich an Omega-3-Fettsäuren ist, auf den Tisch zu bringen.

Hülsenfrüchte wie Bohnen, Erbsen und Linsen sind eine bedeutende Eiweißquelle für Vegetarier. Zudem enthalten sie wichtige Vitamine und Ballaststoffe und sind frisch, in getrockneter Form oder vorgegart im Glas oder in der Dose erhältlich. Für alle, die weniger Fleisch essen möchten, sind Hülsenfrüchte genau das Richtige und besonders lecker in Aufläufen, Suppen und Salaten.

Wenn wir auf unsere Gesundheit achten, merken wir schnell, wie sinnvoll es ist, Mahlzeiten mit ausgewählten Zutaten wirklich frisch zuzubereiten. Zwar ist es nicht nötig, vollständig auf vorverarbeitete Lebensmittel zu verzichten. Tiefkühlgemüse oder Bohnen aus der Dose etwa sind ohne Zucker- und Salzzusatz durchaus akzeptabel. Die meisten Fertiggerichte sowie Produkte in Dosen und Gläsern enthalten allerdings Zucker, Salz und gesättigte Fette in hohen Anteilen – und diese gilt es zu vermeiden. Ein genauer Blick auf das Etikett lohnt sich daher unbedingt.

Die vorliegende Sammlung abwechslungsreicher, gesunder und schmackhafter Rezeptideen möchte zu einer natürlichen und ausgeglichenen Ernährungsweise inspirieren, die Vitalität und Wohlbefinden sichert. Die Gerichte, die viele Varianten für jeden Geschmack bereithalten, lassen sich mühelos in unser Alltagsleben einbinden. Ein wohltuender Genuss für Körper und Geist – Tag für Tag frisch aus der eigenen Küche!

Von Natur aus gute Zutaten

Wir kennen sie schon, die Nahrungsmittel, die als „Superfood" gelten: Avocados, Spinat oder Blaubeeren machen seit einigen Jahren Schlagzeilen mit ihrer Nährstoffdichte. Es gibt aber noch viel mehr Lebensmittel, die einen starken Cocktail an Nährstoffen für Kraft und Wohlbefinden liefern. Die folgende Liste mit erstklassigen Zutaten ist die beste Grundlage für natürliche Gerichte. Diese Zutaten sind in immer mehr Supermärkten und Bioläden erhältlich. Nebenstehend finden Sie die wichtigsten Informationen zu diesen „Super"-Zutaten.

Buchweizen – Besteht aus dreieckigen kleinen Früchten, die nichts mit Weizen zu tun haben. Glutenfrei, mit leichtem Nussaroma, kann im ganzen Korn oder gemahlen, auch geröstet, zum Einsatz kommen. Enthält viel Eiweiß und Ballaststoffe.

Chiasamen – Kleine ovale, graue bis braune Samen, die reich an Omega-3-Fettsäuren sind. Eine glutenfreie Quelle für Vitamine, Mineralstoffe, Eiweiß und Ballaststoffe.

Gojibeeren – Kleine rote getrocknete Beeren aus China. Enthalten eine Reihe wertvoller Vitamine und Mineralstoffe sowie Antioxidantien.

Granatapfel – Im Innern der roten runden Frucht befinden sich zahlreiche von süßem Fruchtfleisch umgebene Samen. Vor dem Verzehr müssen sie aus der bitteren weißen Haut gelöst werden. Fettarm, reich an Ballaststoffen und mit antioxidativ wirkenden Vitaminen und Mineralstoffen.

Grünkohl – Ein herzhaftes Wintergemüse mit krausen dunkelgrünen Blättern, die ein starkes Aroma haben. Frisch oder tiefgekühlt erhältlich, hervorragende Vitamin- und Mineralstoffquelle, unter anderem auch für Vitamin C.

Kokosöl – Reich an gesättigten Fettsäuren, die man jedoch als „gutes" Fett bezeichnet und die sich grundlegend von tierischen Produkten unterscheiden. Dennoch nur in moderaten Mengen verwenden.

Kokoswasser – Klare Flüssigkeit im Innern der noch grünen Kokosnüsse. Kalorien- und fettarm, cholesterinfrei, voller Vitamine und Mineralstoffe, darunter auch Kalium.

Leinsamen – Kleine braune Samen, von Natur aus glutenfrei und reich an Omega-3-Fettsäuren, außerdem ballaststoffreich.

Mandelmilch – Wird aus gerösteten ganzen Mandeln gemacht, die gemahlen und mit Wasser vermengt werden. Eine tolle Alternative zur Kuhmilch, von Natur aus fettarm, laktose-, gluten- und cholesterinfrei.

Medjoul-Datteln – Große Datteln mit vollem Fruchtfleisch aus dem Nahen Osten und Nordafrika, die das ganze Jahr über erhältlich sind. Arm an Fett und Natrium, dafür reich an Ballaststoffen, aber sehr hoher Gehalt an natürlichem Fruchtzucker.

Quinoa – Alte Nutzpflanze aus Südamerika, die als „Pseudogetreide" eingeführt wurde. Die kleinen runden Samen sind als rote, cremeweiße und schwarze Sorten erhältlich. Quellen beim Kochen auf, schmecken mild und leicht nussig. Ein sehr eiweißreiches Nahrungsmittel, das alle essenziellen Aminosäuren enthält, glutenfrei und reich an Ballast- und Mineralstoffen ist.

Rote Bete – Sind für gewöhnlich dunkelrot, kommen aber auch als Rosa oder Gelbe Bete vor. Fettarm und voller Vitamine, Mineralstoffe und Antioxidantien. Eine gute Quelle für Ballaststoffe.

Spirulina – Blaugrüne Süßwasseralgen, reich an Eiweiß (enthalten alle essenziellen Aminosäuren) und anderen Nährstoffen wie zahlreichen Vitaminen und Mineralstoffen. Erhältlich als Nahrungsergänzungsmittel in Pulver- oder Tablettenform.

Weizengras – Als Saft, Pulver oder frisch erhältlich, von hellgrüner Farbe und mit starkem, süßlichem, grasähnlichem Aroma. Natürliche Quelle für Vitamine und Mineralstoffe, darunter Antioxidantien.

Start in den Tag

Gerstenbrei mit Papaya & Pfirsich

Dieses leichte, cremige Gerstenporridge wird mit Mandelmilch zubereitet. Mit Honig beträufelt ergibt es zu gegrillten Pfirsich- und Papayascheiben ein milchfreies Frühstück.

Für 4 Personen

Vorbereitung: 15 Minuten
Garzeit: 10–15 Minuten

85 g Gerstenflocken
85 g zarte Haferflocken
350 ml kaltes Wasser
750 ml ungesüßte Mandelmilch
4 TL Macapulver
2 Pfirsiche, halbiert, entsteint und in Scheiben geschnitten
1 Papaya, geschält, halbiert, entkernt und in Scheiben geschnitten
4 TL flüssiger Honig, plus etwas mehr zum Servieren
½ TL Zimt

1. Den Backgrill vorheizen. Gersten- und Haferflocken, Wasser und Mandelmilch in einen Topf geben und bei mittlerer bis starker Hitze zum Kochen bringen. Die Hitze auf mittlere Stufe reduzieren und den Brei 5–10 Minuten unter häufigem Rühren kochen, bis er eingedickt ist. Das Macapulver unterrühren.

2. Inzwischen den Ofenrost mit Alufolie belegen. Die Pfirsich- und Papayaspalten darauf verteilen. Mit dem Honig beträufeln und mit dem Zimt bestäuben. Dann 3–4 Minuten grillen, bis die Früchte heiß sind und zu karamellisieren beginnen.

3. Den Brei in vier Schalen füllen. Die Früchte darauf verteilen und nach Belieben mit etwas Honig beträufeln.

Pro Portion: *280 kcal / 4.3 g Fett / 0.5 g ges. Fettsäuren / 53.6 g Kohlenhydrate / 20.8 g Zucker / 9.4 g Ballaststoffe / 7.8 g Eiweiß / 0.2 g Salz*

Griechischer Joghurt mit Orange und gerösteten Saaten

Für 2 Personen

Vorbereitung: 10 Minuten, plus Auskühlen
Garzeit: 2–3 Minuten

2 TL Kürbiskerne
2 TL Leinsamen
2 TL Chiasamen
200 g griechischer Naturjoghurt
abgeriebene Schale von 1 kleinen Orange, plus 2 TL Saft

Nährstoffreiche Kerne und Samen verleihen diesem schnell auf den Tisch gezauberten, nahezu zuckerfreien Frühstücksjoghurt eine feine knusprige Note.

1. Eine kleine Pfanne auf mittlerer Stufe erhitzen. Kürbiskerne und Saaten hineingeben und unter ständigem Rühren mit einem Holzlöffel rösten, bis sie Farbe annehmen und ihr nussiges Aroma verströmen. Auf einen Teller geben und erkalten lassen.

2. Den Joghurt in zwei Servierschalen oder Dessertgläser füllen. Zuerst die Saaten, dann die Orangenschale darüberstreuen. Mit dem Orangensaft beträufeln und sofort servieren.

Pro Portion: *152 kcal / 8.9 g Fett / 4 g ges. Fettsäuren / 7.7 g Kohlenhydrate / 4.1 g Zucker / 2.7 g Ballaststoffe / 11.1 g Eiweiß / 0.1 g Salz*

Arme Ritter mit Bananen & Pekannüssen

Für 4 Personen

Vorbereitung: 20 Minuten
Garzeit: 12–17 Minuten

60 g Pekannusskerne, grob gehackt
2 Eier
4 vollreife Bananen
2–3 Tropfen Vanillearoma
½ TL Zimt
4 Scheiben Vollkorntoast
1 EL Olivenöl
½ TL Zimt, zum Bestäuben

Der Tag kann nicht besser beginnen als mit diesem verlockenden Sattmacher aus Bananen und Nüssen.

1. Die Pekannüsse ohne Fett in eine kleine kalte Pfanne geben und auf mittlerer Stufe 3–4 Minuten erhitzen, bis sie leicht angeröstet sind. Beiseitestellen.

2. Eier, 2 Bananen, Vanillearoma und Zimt im Standmixer 1–2 Minuten zu einer glatten, dickflüssigen Masse verarbeiten.

3. Die Mischung in eine flache Schüssel geben. 2 Scheiben Toast hineingeben und das Brot kurz sanft hineindrücken, sodass es die Flüssigkeit aufnimmt. Die Toastscheiben wenden und den Vorgang mit den anderen beiden Toastscheiben wiederholen. In der Schüssel lassen.

4. Die Hälfte des Olivenöls in eine große beschichtete Pfanne geben und auf mittlerer Stufe erhitzen. So viele getränkte Toasts, wie in die Pfanne passen, mit einem Pfannenwender aus der Bananenmischung nehmen und in die Pfanne geben. Von jeder Seite 2–3 Minuten braten. Den Vorgang mit dem verbliebenen Toastbrot wiederholen; gegebenenfalls das restliche Olivenöl zugeben.

5. Die Armen Ritter mit dem Zimt bestäuben und mit den gerösteten Pekannüssen bestreuen. Die restlichen beiden Bananen in Scheiben schneiden, darauf verteilen und alles sofort servieren.

Pro Portion: *405 kcal / 19,4 g Fett / 2,7 g ges. Fettsäuren / 53,4 g Kohlenhydrate / 17 g Zucker / 7,6 g Ballaststoffe / 9,7 g Eiweiß / 0,5 g Salz*

Super-Saaten-Knuspermüsli

Einen energiegeladenen Start in den Tag garantiert dieses leckere Müsli mit gerösteten Haferflocken und Saaten, zu dem ballaststoffreiche Trockenfrüchte serviert werden. Das Müsli kann gut einige Tage im Voraus zubereitet werden.

Für 6 Personen

Vorbereitung: 20 Minuten, plus Auskühlen
Garzeit: 30–35 Minuten

150 g Haferflocken
40 g Kürbiskerne
40 g Sonnenblumenkerne
40 g Sesamsaat
2 EL Muskovado-Zucker
1 TL Zimt
2 EL Olivenöl
2 EL flüssiger Honig
Saft von 1 kleinen Orange
40 g getrocknete Apfelscheiben, gewürfelt
40 g getrocknete Blaubeeren
40 g getrocknete Cranberrys

1. Den Backofen auf 160 °C vorheizen. Haferflocken, Kürbiskerne, Sonnenblumenkerne und Sesamsaat in eine Backform (18 cm × 28 cm) geben. Mit Zucker und Zimt bestreuen und alles verrühren.

2. Öl, Honig und Orangensaft darüberträufeln und vermischen. Im vorgeheizten Ofen 30–35 Minuten backen. Nach den ersten 15 Minuten die Form aus dem Ofen nehmen und alles einmal umrühren, dabei die Mischung von den Ecken und Rändern in die Mitte und umgekehrt schieben, da die Ränder schneller bräunen. Nicht zerdrücken, die Masse sollte klumpig bleiben. Wieder in den Ofen geben und alle 5–10 Minuten umrühren, damit das Müsli gleichmäßig goldbraun wird.

3. Getrocknete Äpfel, Blaubeeren und Cranberrys darübersteuen, dann untermischen und das Knuspermüsli erkalten lassen. In Kunststoffbehälter oder Gläser füllen und bis zu 4 Tage im Kühlschrank lagern.

Pro Portion: *357 kcal / 16,3 g Fett / 2,3 g ges. Fettsäuren / 48,4 g Kohlenhydrate / 23,3 g Zucker / 6,2 g Ballaststoffe / 8,2 g Eiweiß / Spuren von Salz*

Gebackene Eier mit Spinat

Für 4 Personen

Vorbereitung: 20 Minuten, plus Auskühlen
Garzeit: 20–30 Minuten

2 EL Olivenöl
4 Schalotten, fein gehackt
3 Knoblauchzehen, fein gehackt
100 g Babyspinat
8 Eier
½ TL geriebene Muskatnuss
Salz und Pfeffer

Frischer Spinat voller Nährstoffe verleiht diesem Klassiker Farbe und Geschmack. Verfeinert wird alles mit einer Prise Muskatnuss. Mit Vollkorn- oder glutenfreiem Brot serviert ist das Eiergericht ideal für Frühstück oder Brunch.

1. Den Backofen auf 180 °C vorheizen. Vier Ramequin-Förmchen (à 200 ml Inhalt) mit 1 Esslöffel Olivenöl einfetten.

2. Das restliche Olivenöl in einer Pfanne erhitzen. Schalotten und Knoblauch ins heiße Öl geben und auf mittlerer Stufe 3–4 Minuten garen, bis sie weich sind. Den Spinat zugeben und 2–3 Minuten rühren, bis er leicht zusammenfällt. Nach Geschmack salzen und pfeffern.

3. Die Spinatmischung auf den Boden der Ramequin-Förmchen verteilen und in jede Form zwei Eier hineinschlagen. Die Muskatnuss darübergeben und die Förmchen in einen Bräter stellen. Den Bräter mit so viel kochendem Wasser füllen, dass es bis zur Hälfte der Förmchenhöhe reicht. Der Wasserdampf bewirkt, dass die Eier nicht austrocknen.

4. Den Bräter vorsichtig in den vorgeheizten Ofen stellen und 15–20 Minuten backen. Die Eier in der Form leicht abkühlen lassen und sofort servieren.

Pro Portion: *235 kcal / 16.5 g Fett / 4.2 g ges. Fettsäuren / 7.5 g Kohlenhydrate / 1.6 g Zucker / 1.1 g Ballaststoffe / 14.2 g Eiweiß / 0.4 g Salz*

Zimtpfannkuchen mit tropischem Fruchtsalat

Mit Sojamilch und Sojajoghurt werden diese Vollwertpfannkuchen zu einer milchfreien Köstlichkeit. Die von Natur aus süßen Ananas- und Mangowürfel machen Zucker vollkommen überflüssig.

Für 4 Personen

Vorbereitung: 30 Minuten
Garzeit: 30 Minuten

100 g Weizenvollkornmehl
½ TL Zimt
2 Eier, verquirlt
225 ml ungesüßte Sojamilch
3 EL Wasser
3 EL Sonnenblumenöl

Fruchtsalat

1 rote Grapefruit
250 g Ananasfleisch, gewürfelt
150 g Mangofleisch, gewürfelt
fein abgeriebene Schale von ½ Limette

Zum Servieren

300 g Sojajoghurt (Natur)
2 EL Dattelsirup
40 g Paranusskerne, grob gehackt (nach Belieben)

1. Für den Fruchtsalat die Grapefruit über einer Schüssel großzügig schälen, sodass auch die weiße Innenschale entfernt wird. Die Grapefruitfilets zwischen den Trennhäuten mit einem kleinen scharfen Messer herauslösen. Den Saft aus den verbleibenden Trennhäuten in die Schüssel pressen. Ananas, Mango und Limettenschale untermischen.

2. Für die Pfannkuchen Mehl und Zimt in eine zweite Schüssel geben. Die Eier zufügen. Nach und nach die Sojamilch unterrühren. Dann Wasser und 1 Esslöffel Öl einarbeiten.

Pro Portion: *369 kcal / 16,2 g Fett / 2,4 g ges. Fettsäuren / 45,9 g Kohlenhydrate / 22,3 g Zucker / 6,4 g Ballaststoffe / 12,5 g Eiweiß / 0,3 g Salz*

3. So viel von dem restlichen Öl in eine kleine Pfanne (18 cm Ø) gießen, dass der Pfannenboden gerade bedeckt ist. Erhitzen, ein Achtel des Teigs hineingießen, durch Schwenken in der Pfanne verteilen und 2 Minuten goldbraun backen.

4. Den Pfannkuchen wenden und 1 Minute von der anderen Seite goldbraun backen. Auf einen Teller gleiten lassen und warm halten, bis alle Pfannkuchen gebacken sind.

5. Je zwei zusammengeklappte Pfannkuchen auf vier Servierteller geben und den Fruchtsalat darauf anrichten. Einen großen Löffel Sojajoghurt daraufsetzen, mit dem Dattelsirup beträufeln und nach Belieben mit den Paranüssen bestreuen. Sofort servieren.

Jumbo-Rüblicookies

Ergibt 12 Stück

Vorbereitung: 25–30 Minuten
Garzeit: 16–19 Minuten

100 g Leinsamen
85 g Weizenvollkornmehl
70 g zarte Haferflocken
1 TL Backpulver
1 TL Ingwerpulver
2 TL Zimt
85 g getrocknete Aprikosen, fein gehackt
1 Tafelapfel, entkernt und grob geraspelt
1 Karotte, fein gerieben
40 g Pekannusskerne, grob gehackt
3 EL Kokosöl
125 ml Ahornsirup
fein abgeriebene Schale von ½ Orange, plus 3 EL Saft
4 EL getrocknete Kokoschips

Diese veganen Kekse sorgen mit ihren nährstoffreichen Saaten, Haferflocken und Nüssen für ein aromatisches Geschmackserlebnis und einen echten Energieschub. Sie sind auch ein tolles Frühstück für unterwegs, denn sie halten sich tagelang.

1. Den Backofen auf 180 °C vorheizen und zwei Backbleche mit Backpapier auslegen.

2. Die Leinsamen im Standmixer fein mahlen und in eine große Schüssel geben. Erst Mehl, Haferflocken, Backpulver, Ingwer und Zimt untermischen, dann Aprikosen, Apfel, Karotte und Pekannüsse.

3. Das Kokosöl in einem kleinen Topf (oder 30 Sekunden in der Mikrowelle) erwärmen, bis es flüssig ist. Den Topf vom Herd nehmen und Ahornsirup, Orangenschale und -saft unterrühren. Zu den Trockenzutaten gießen und alles zu einem weichen Teig verarbeiten.

4. Den Teig in 12 Portionen auf die vorbereiteten Bleche setzen und zu Cookies mit etwa 7,5 cm Durchmesser flach drücken. Die Kokoschips darauf verteilen und im vorgeheizten Ofen 15–18 Minuten backen, bis sie goldbraun sind.

5. Zum Servieren die Cookies einige Minuten abkühlen oder auf ein Kuchengitter heben und auskühlen lassen. Sie halten sich in einem luftdicht schließenden Behälter bis zu 3 Tage im Kühlschrank.

Pro Cookie: *212 kcal / 11.2 g Fett / 4.7 g ges. Fettsäuren / 27 g Kohlenhydrate / 12.4 g Zucker / 5.5 g Ballaststoffe / 4.1 g Eiweiß / 0.1 g Salz*

Ricotta-Omelett mit dreierlei Kräutern

Leuchtend grüne Gartenkräuter geben diesem Omelett verlockende Farbigkeit und ein intensives Aroma. Mit knusprig frischem Brot serviert, wird es zu einem perfekten Frühstück für zwei.

Für 2 Personen

Vorbereitung: 15 Minuten
Garzeit: 8 Minuten

4 Eier (Größe L)
2 EL frisch gehackter Schnittlauch
2 EL frisch gehacktes Basilikum
2 EL frisch gehackte Petersilie
100 g Ricotta
2 EL Olivenöl
Salz und Pfeffer

1. Die Eier in eine kleine Schüssel geben und leicht verquirlen. Kräuter und Ricotta löffelweise einrühren. Nach Geschmack salzen und pfeffern.

2. Das Olivenöl in einer beschichteten Pfanne auf hoher Stufe erhitzen. Die Eiermischung zugießen und stocken lassen. Mit einem Pfannenwender die schon feste Eiermasse an den Rändern zur Mitte ziehen und durch Schwenken die Flüssigkeit verteilen, damit alles gleichmäßig garen kann. Das Omelett 4–5 Minuten braten, dann vom Herd nehmen – es gart danach noch weiter.

3. Das Omelett halbieren, auf zwei Teller geben und sofort servieren.

Pro Portion: 390 kcal / 32 g Fett / 10 g ges. Fettsäuren / 2,8 g Kohlenhydrate / 0,7 g Zucker / 0,2 g Ballaststoffe / 21,7 g Eiweiß / 0,6 g Salz

Hausgemachte Nuss-Nugat-Creme

Ergibt 225 g

Vorbereitung: 15 Minuten, plus Ruhen
Garzeit: 3–4 Minuten

115 g ungeschälte Haselnusskerne
25 g Kakaopulver
70 g Muskovado-Zucker
125 ml Olivenöl
2–3 Tropfen Vanillearoma
1 Prise Meersalz
Vollkornbrot oder Pfannkuchen, zum Servieren (nach Belieben)

Auf Vollkorntoast oder zu Pfannkuchen ist diese gesunde Nuss-Nugat-Creme kaum zu schlagen. Gekühlt bleibt sie fünf Tage frisch.

1. Die Haselnüsse in eine trockene Pfanne geben und auf mittlerer Stufe 3–4 Minuten erhitzen. Dabei ständig die Pfanne schütteln, bis die Nüsse gleichmäßig geröstet sind.

2. Die Nüsse in ein sauberes Küchentuch schlagen und die Schale abreiben.

3. Die Nüsse in einen Standmixer geben und fein mahlen. Kakaopulver, Zucker, Öl, Vanillearoma und Salz zugeben und alles zu einer dicken Paste pürieren. In ein Schraubglas füllen und den Deckel aufsetzen. 4 Stunden auf Raumtemperatur abkühlen lassen, bis der Zucker sich vollständig aufgelöst hat. Erneut durchrühren, dann bis zu 5 Tage im Kühlschrank aufbewahren. Auf getoastetes Vollkornbrot streichen oder zu frischen Pfannkuchen servieren.

Pro 225 g: *2206 kcal / 197,7 g Fett / 24,2 g ges. Fettsäuren / 104,3 g Kohlenhydrate / 73,2 g Zucker / 18,3 g Ballaststoffe / 22,7 g Eiweiß / 1,5 g Salz*

Kardamom-Waffeln mit Brombeeren & Feigen

Der aromatische Kardamom intensiviert den Geschmack dieser Beeren-Feigen-Waffeln. Holen Sie das Waffeleisen aus dem Schrank und zaubern Sie für die ganze Familie ein fruchtiges Wochenendfrühstück.

Für 6 Personen

Vorbereitung: 25 Minuten, plus Ruhen
Garzeit: 12–30 Minuten

5 Eier (Größe L), getrennt
1 Prise Salz
1 TL gemahlener Kardamom
50 g Butter, zerlassen und abgekühlt
250 ml fettarme Milch
225 g Weizen- oder Dinkelvollkornmehl
1 EL Olivenöl, zum Einfetten
150 g griechischer Naturjoghurt
6 vollreife Feigen, geviertelt
200 g Brombeeren
6 TL Agavendicksaft, zum Servieren

1. Eigelb, Salz und Kardamom in eine Schüssel geben und mit einem Holzlöffel gut verrühren. Erst die zerlassene Butter, dann die Milch langsam einrühren. Das Mehl portionsweise zugeben und weiterrühren, bis ein glatter Teig entsteht.

2. In einer Rührschüssel das Eiweiß steif schlagen und dann vorsichtig unter den Teig heben. Mindestens eine Stunde ruhen lassen, besser noch über Nacht.

3. Das Waffeleisen gemäß Herstelleranweisung vorheizen. Mit etwas Öl einfetten und den Teig portionsweise einfüllen. Jede Waffel 4–5 Minuten backen, bis sie goldbraun ist. Die fertigen Waffeln bis zum Servieren unter Alufolie im Backofen auf niedriger Stufe warm halten.

4. Die Waffeln einzeln mit Joghurt, Feigenvierteln, Brombeeren und 1 Esslöffel Agavendicksaft anrichten.

Pro Portion: *422 kcal / 17.3 g Fett / 7.8 g ges. Fettsäuren / 53.9 g Kohlenhydrate / 23.7 g Zucker / 7.3 g Ballaststoffe / 16.1 g Eiweiß / 0.5 g Salz*

Kürbismuffins mit Biss

Ergibt 12 Stück

Vorbereitung: 25–30 Minuten, plus Auskühlen
Garzeit: 30 Minuten

1 EL Olivenöl, zum Bestreichen
250 g Kürbisfleisch, in 1 cm große Würfel geschnitten
4-cm-Stück frische Ingwerwurzel, grob gerieben
3 Eier
4 EL Ahornsirup
225 g fettarmer Naturjoghurt
150 g Weizen- oder Dinkelvollkornmehl
100 g feines Maismehl
3 TL Backpulver
1 TL Lebkuchengewürz
3 EL Kürbiskerne

Dunkle Kürbiskerne verleihen diesen nur leicht gesüßten Muffins Farbkontrast und eine nussige, knusprige Note. Die energiegeladenen Leckerbissen schmecken toll zum Frühstück oder zum Brunch.

1. Den Backofen auf 190 °C vorheizen. Die Vertiefungen eines 12er-Muffinblechs mit dem Öl bestreichen.

2. Den Kürbis in einen Topf mit Dämpfeinsatz geben und über köchelndem Wasser 15 Minuten dämpfen, bis er weich ist. Zerdrücken und mit dem geriebenen Ingwer vermischen.

3. Eier, Ahornsirup und Joghurt in einer Schüssel vermischen.

4. Weizenmehl, Maismehl, Backpulver und Lebkuchengewürz in einer großen Schüssel vermengen. Zerdrückten Kürbis und Eiermischung einrühren, bis alles gerade vermischt ist.

5. Den Teig in die vorbereitete Form füllen, mit den Kürbiskernen bestreuen und 20 Minuten im vorgeheizten Ofen backen, bis die Muffins aufgegangen und goldbraun sind. 5 Minuten in der Form abkühlen lassen, dann die Ränder mit einem Messer lösen und die Muffins auf einem Kuchengitter vollständig auskühlen lassen.

Pro Muffin: *150 kcal / 4.2 g Fett / 1 g ges. Fettsäuren / 23.7 g Kohlenhydrate / 5.9 g Zucker / 1.9 g Ballaststoffe / 5.7 g Eiweiß / 0.4 g Salz*

Rote Gemüsepfanne

Für 4 Personen

Vorbereitung: 25–30 Minuten
Garzeit: 45 Minuten

350 g Topinamburen, mit Schale, abgebürstet
450 g rohe Rote Bete, gewürfelt
750 g Süßkartoffeln, gewürfelt
2 EL Olivenöl
1 rote Zwiebel, grob gehackt
2 TL Paprikapulver edelsüß
½ TL Senfpulver
3 TL frische Thymianblätter, plus etwas mehr zum Garnieren
4 Eier
Salz und Pfeffer

Rote Beten stecken voller gesunder Nährstoffe und Antioxidantien. Dieser Gemüsepfanne verleihen sie ein kräftiges Aroma und eine appetitliche Farbe. Super als fleischfreies Wochenendfrühstück oder zum Brunch für die ganze Familie!

1. Größere Topinamburen halbieren. Den Einsatz aus dem Dämpftopf nehmen und diesen mit ausreichend Wasser füllen. Zum Kochen bringen und die Topinamburen hineingeben. Den Dämpfkorb einsetzen und die Rote Bete auf die eine Hälfte geben. Abgedeckt 10 Minuten dämpfen.

2. Die Süßkartoffeln neben die Rote Bete in den Korb geben und weitere 10 Minuten dämpfen, bis alle Gemüsesorten gar sind. Das Gemüse herausnehmen. Die Topinamburen schälen und würfeln.

3. 1 Esslöffel Öl in einer großen Pfanne erhitzen. Die Zwiebel darin bei mittlerer Hitze 3–4 Minuten dünsten. Topinambur-, Rote-Bete- und Süßkartoffelwürfel zugeben und 10 Minuten braten, bis sie gebräunt sind.

4. Paprika- und Senfpulver sowie Thymian untermischen und mit Salz und Pfeffer würzen. Vier Vertiefungen in das Gemüse drücken, das restliche Öl in die Mulden träufeln und die Eier hineinschlagen. Mit Salz und Pfeffer bestreuen und bei aufgesetztem Deckel 4–5 Minuten stocken lassen, bis die Eier die gewünschte Konsistenz haben. Auf vier Tellern anrichten, mit Thymian garnieren und sofort servieren.

Pro Portion: *426 kcal / 12.1 g Fett / 2.6 g ges. Fettsäuren / 68.5 g Kohlenhydrate / 25.7 g Zucker / 11.3 g Ballaststoffe / 13.4 g Eiweiß / 0.6 g Salz*

Pilze auf Roggentoast

Frische Waldpilze und Champignons werden mit Knoblauch angebraten und auf knusprigem Roggentoast serviert – ein rasch zubereitetes veganes Frühstück für einen Spitzenstart in den Morgen.

Für 4 Personen

Vorbereitung: 15 Minuten
Garzeit: 10 Minuten

3 EL Olivenöl
2 große Knoblauchzehen, zerdrückt
225 g braune Champignons, in Scheiben geschnitten
225 g Wildpilze, in Scheiben geschnitten
2 TL Zitronensaft
2 EL frisch gehackte glatte Petersilie
4 Scheiben dunkles Roggenbrot
Meersalz und Pfeffer

1. Das Olivenöl in einer großen Pfanne erhitzen. Den Knoblauch darin bei niedriger bis mittlerer Hitze einige Sekunden anbraten.

2. Den Herd auf hohe Stufe stellen. Die Champignons zugeben und 3 Minuten braten. Die Wildpilze untermischen und weitere 2 Minuten garen.

3. Zitronensaft und Petersilie untermischen. Mit Salz und Pfeffer abschmecken.

4. Die Brotscheiben toasten und auf einen großen Servierteller legen. Die Pilzmischung darauf verteilen und sofort servieren.

Pro Portion: *206 kcal / 11.6 g Fett / 1.6 g ges. Fettsäuren / 21.8 g Kohlenhydrate / 2.6 g Zucker / 3.9 g Ballaststoffe / 6.1 g Eiweiß / 0.9 g Salz*

Buchweizen-Blinis mit Birnen & Blaubeeren

Für 4 Personen

Vorbereitung: 30 Minuten, plus Gehen
Garzeit: 20–27 Minuten

175 g Buchweizenmehl

½ TL Meersalz

2 TL dunkler Muskovado-Zucker

1 TL Trockenbackhefe

125 ml Milch

125 ml Wasser

1 EL natives Olivenöl extra

Belag

25 g Butter

2 Birnen, entkernt und in dicke Scheiben geschnitten

150 g Blaubeeren

2 EL flüssiger Honig

Saft von ½ Zitrone

200 g griechischer Naturjoghurt

1 Prise Zimt

25 g geröstete Haselnüsse, grob gehackt

Blaubeeren sind eine hervorragende Antioxidantienquelle. Kurz mit Birnen gegart sind sie die perfekte Ergänzung zu diesen glutenfreien Buchweizen-Blinis. Joghurt und geröstete Haselnüsse runden das Geschmackserlebnis ab.

1. Für die Blinis Mehl, Salz, Zucker und Hefe in einer großen Schüssel vermengen. Milch und Wasser in einem kleinen Topf leicht erwärmen, dann mit einem Schneebesen nach und nach in die Mehlmischung einrühren, bis ein glatter, dickflüssiger Teig entsteht.

2. Die Schüssel mit einem großen Teller oder einem Küchentuch abdecken und den Teig an einem warmen Ort 40–60 Minuten gehen lassen. Der Teig sollte sein Volumen verdoppeln und Blasen werfen.

3. Die Hälfte des Öls in einer großen Pfanne erhitzen. Die Pfanne kurz vom Herd nehmen und überschüssiges Öl mit etwas Küchenpapier auswischen. Die Pfanne wieder auf den Herd stellen und mit einem kleinen Löffel kleine Teigportionen in die Pfanne geben, dabei etwas Abstand zwischen den Portionen lassen.
Die Blinis 2–3 Minuten braten, bis die Unterseite goldbraun ist.

4. Mit einem Pfannenwender wenden und nochmals 1–2 Minuten braten. Auf ein Backblech legen und warm halten, bis alle Blinis zubereitet sind. Zwischen den Bratvorgängen die Pfanne immer wieder mit dem geölten Küchenpapier auswischen bzw. das restliche Öl zugießen.

5. Für den Belag die Butter in einer Pfanne bei mittlerer Hitze zerlassen. Birnen und Blaubeeren zugeben und 2–3 Minuten erhitzen. Mit Honig und Zitronensaft beträufeln und noch 1 Minute garen, bis die Blaubeeren Saft abgeben.

6. Je drei Blinis auf vier Teller geben. Mit Joghurt und warmen Früchten anrichten und mit Zimt und Haselnüssen bestreuen. Sofort servieren.

Pro Portion: *435 kcal / 17 g Fett / 6,4 g ges. Fettsäuren / 64,1 g Kohlenhydrate / 27,1 g Zucker / 8,5 g Ballaststoffe / 13 g Eiweiß / 0,8 g Salz*

Pochierte Eier mit Grünkohl auf Sauerteigbrot

Für 4 Personen

Vorbereitung: 20 Minuten
Garzeit: 15–17 Minuten

4 Eier
100 g Grünkohl, gehackt
4 große Scheiben Sauerteigbrot
2 Knoblauchzehen, halbiert
2 EL Olivenöl
1 TL Chiliflocken
Salz und Pfeffer

Der Grünkohl verleiht diesen schmackhaften Proteinbomben nicht nur Farbe, sondern auch jede Menge Nährstoffe.

1. Für die pochierten Eier Wasser in einem kleinen Topf zum Sieden bringen. In eine kleine Schüssel oder Tasse ein Ei geben und vorsichtig ins Wasser gleiten lassen. Dabei die Schüssel so nah wie möglich ans Wasser heranbringen. Mit einem Löffel eventuell auslaufendes Eiweiß wieder ums Eigelb herumlegen. Die restlichen Eier ebenso ins Wasser geben.

2. Die Eier 2–3 Minuten köcheln lassen, bis der gewünschte Garzustand erreicht ist, dann mit einem Schaumlöffel herausnehmen und bis zur Verwendung in eine Schüssel mit warmem Wasser geben.

3. Wasser in einem Topf aufkochen und den Grünkohl hineingeben. 3–4 Minuten köcheln lassen, bis der Kohl bissfest gegart ist. Abgießen, nach Geschmack salzen und pfeffern und beiseitestellen.

4. Inzwischen das Sauerteigbrot im Toaster rösten. Dann die Brotscheiben auf vier Teller verteilen. Jede Scheibe mit einer Knoblauchhälfte einreiben und mit Olivenöl beträufeln. Den Grünkohl auf den Brotscheiben verteilen und je ein pochiertes Ei daraufgeben. Zum Schluss mit Chiliflocken bestreuen, dann sofort servieren.

Pro Portion: *324 kcal / 15.1 g Fett / 3 g ges. Fettsäuren / 36.3 g Kohlenhydrate / 2.6 g Zucker / 4.4 g Ballaststoffe / 12.6 g Eiweiß / 1 g Salz*

Bananenbrot mit Nüssen & Gojibeeren

Bananen vereinen so viele gesunde Nährstoffe unter einer Schale, dass dieses ballaststoffreiche Bananenbrot mit Gojibeeren und Haselnüssen einen morgendlichen Energieschub garantiert. Auch toll als Frühstück für unterwegs!

Für 10 Personen

Vorbereitung: 25 Minuten, plus Auskühlen
Garzeit: 50–60 Minuten

85 g weiche Butter, plus etwas mehr zum Einfetten
115 g heller Muskovado-Zucker
2 Eier
3 große Bananen (500 g mit Schale), zerdrückt
115 g Weizenvollkornmehl
115 g Weizenmehl (Type 405)
2 TL Backpulver
55 g Haselnusskerne, grob gehackt
40 g getrocknete Gojibeeren
40 g getrocknete Bananenchips

1. Den Backofen auf 180 °C vorheizen. Eine Kastenform (1 l Inhalt) einfetten und so mit Backpapier auslegen, dass es an den beiden Längsseiten übersteht.

2. Butter und Zucker in einer großen Schüssel cremig rühren. Die Eier einzeln einarbeiten, dann die Bananen unterrühren.

3. Beide Mehlsorten und Backpulver in einer zweiten Schüssel mischen. Unter die Buttermischung rühren, bis ein glatter Teig entstanden ist. Haselnüsse und Gojibeeren unterziehen.

4. Den Teig in die vorbereitete Form füllen und glatt streichen. Mit den Bananenchips bestreuen. Das Brot im vorgeheizten Ofen 50–60 Minuten backen, bis es schön aufgegangen ist. Zur Probe einen Holzspieß in die Mitte stechen; wenn nichts daran haften bleibt, ist das Brot durchgebacken.

5. Das Bananenbrot 5 Minuten abkühlen lassen, dann mithilfe des Backpapiers aus der Form heben und auf einem Kuchengitter erkalten lassen. Das Backpapier abziehen. Das Bananenbrot hält sich in einem luftdicht schließenden Behälter bis zu 3 Tage.

Pro Portion: *300 kcal / 12,8 g Fett / 5,6 g ges. Fettsäuren / 43,4 g Kohlenhydrate / 19,3 g Zucker / 3,7 g Ballaststoffe / 5,9 g Eiweiß / 0,4 g Salz*

Dreikornbrot mit Walnüssen

Ergibt 2 Brotlaibe

Vorbereitung: 30–35 Minuten, plus Gehen und Auskühlen
Garzeit: 25–30 Minuten

450 g Weizenvollkornmehl
450 g Roggenmehl (Type 1370)
115 g Weizenmehl (Type 550), plus etwas mehr zum Bestäuben
2 EL Sesamsaat
2 EL Sonnenblumenkerne
2 EL Mohnsaat
115 g Walnusskerne, gehackt
2 TL Salz
2 Tütchen Trockenbackhefe
2 EL Walnuss- oder Olivenöl
700 ml lauwarmes Wasser
1 EL zerlassene Butter, zum Einfetten

Walnusskerne und Saaten machen dieses Dreikornbrot zu einer aromatischen Gaumenfreude. Schneiden Sie die Scheiben etwas dicker ab und bestreichen Sie sie mit Honig oder Frischkäse, so erhalten Sie eine sättigende Morgenmahlzeit.

1. Alle Mehlsorten, Saaten, Walnusskerne, Salz und Hefe in einer Schüssel vermengen. Dann Öl und Wasser zufügen und alles zu einem weichen Teig verarbeiten. Den Teig auf einer leicht bemehlten Arbeitsfläche 5–7 Minuten durchkneten, bis er glatt und elastisch ist.

2. Den Teig in die Schüssel zurückgeben, mit einem feuchten Küchentuch abdecken und an einem warmen Ort 1–1½ Stunden gehen lassen, bis sich sein Volumen verdoppelt hat. Den aufgegangenen Teig auf einer leicht bemehlten Arbeitsfläche erneut etwa 1 Minute durchkneten.

3. Zwei Kastenformen (900 g Inhalt) mit der Butter einfetten. Den Teig in zwei gleich große Stücke teilen. Die Teigstücke auf die einfache Länge und die dreifache Breite der Formen ausrollen. Dann jeweils beide Längsseiten nach innen schlagen und die Teigstücke mit der Nahtstelle nach unten in die Formen legen.

4. Die Teige abgedeckt an einem warmen Ort erneut etwa 30 Minuten gehen lassen, bis sie über die Formen herausragen. Den Backofen auf 230 °C vorheizen.

5. Die Brote auf ein Backblech geben und im vorgeheizten Ofen 25–30 Minuten backen. Die Temperatur auf 220 °C reduzieren, falls die Brote zu stark bräunen. Die Brote auf Kuchengitter stürzen und auskühlen lassen.

Pro Laib: *3053 kcal / 83,8 g Fett / 12,4 g ges. Fettsäuren / 480 g Kohlenhydrate / 12 g Zucker / 52 g Ballaststoffe / 114 g Eiweiß / 6,1 g Salz*

Kraftspender zu Mittag

Avocado-Quinoa-Wrap

Avocados und frischer Spinat verbinden sich hier mit knackigem Rotkohl zu einer ebenso appetitlichen wie nährstoffreichen Wrap-Kreation. Ideal für gesellige Runden, bei denen sich jeder seinen eigenen Wrap zusammenstellen möchte.

Für 4 Personen

Vorbereitung: 20 Minuten, plus Auskühlen
Garzeit: 15–18 Minuten

175 g Quinoa
400 ml Gemüsebrühe
1 große vollreife Avocado
½ TL geräuchertes Paprikapulver
2 Knoblauchzehen, zerdrückt
abgeriebene Schale und Saft von 1 Zitrone
4 küchenfertige Vollkorntortillas
50 g Babyspinat, gewaschen und abgetropft
150 g Rotkohl, dünn gehobelt
Salz und Pfeffer

1. Quinoa und Gemüsebrühe in einen kleinen Topf geben und abgedeckt 15–18 Minuten auf mittlerer Stufe köcheln lassen, bis die Quinoa die Brühe ganz aufgenommen hat. Beiseitestellen und abkühlen lassen.

2. Inzwischen die Avocado schälen und entkernen, dann mit Paprikapulver, Knoblauch, Zitronenschale und -saft gut zerdrücken.

3. Die Avocadomischung auf die Mitte der Wraps streichen darauf Quinoa, Spinat und Rotkohl verteilen. Nach Geschmack salzen und pfeffern. Die Enden der Wraps umklappen und den Wrap aufrollen, dann servieren.

Pro Portion: *385 kcal / 13,2 g Fett / 2,8 g ges. Fettsäuren / 56,8 g Kohlenhydrate / 3,6 g Zucker / 10,4 g Ballaststoffe / 11,8 g Eiweiß / 1,4 g Salz*

Grüner Supersalat

Für 4 Personen

Vorbereitung: 20–25 Minuten
Garzeit: 5–10 Minuten

2 EL Kürbiskerne
2 EL Sonnenblumenkerne
2 EL Sesamsaat
4 TL Sojasauce
250 g Brokkoli, in Röschen zerteilt
85 g Babyspinat, gewaschen und abgetropft
55 g Grünkohl, in dünne Streifen geschnitten
15 g frischer Koriander, grob gehackt
2 Avocados
Saft von 2 Limetten

Dressing

3 EL Leinöl
2 TL flüssiger Honig
Pfeffer

Dieser knackig grüne Salat ist eine gesunde und gehaltvolle Mittagsmahlzeit. Mit Vollkornbrot oder Vollkorncrackern serviert macht er richtig satt.

1. Eine Pfanne auf hoher Stufe erhitzen. Kürbis- und Sonnenblumenkerne sowie Sesamsaat bei aufgelegtem Deckel 3–4 Minuten trocken rösten, bis die Körner zu springen beginnen. Dabei die Pfanne häufiger schwenken. Die Saaten auf einen Teller geben. Die Sojasauce in die Pfanne gießen.

2. Einen Topf mit Dämpfeinsatz zur Hälfte mit Wasser füllen und dieses zum Kochen bringen. Den Brokkoli in den Einsatz geben, den Deckel aufsetzen und 3–5 Minuten dämpfen, bis das Gemüse gar und knackig ist. Den Brokkoli in eine Salatschüssel geben und mit Spinat, Grünkohl und Koriander vermengen.

3. Inzwischen die Avocados schälen, entkernen und in dünne Scheiben schneiden. Die Hälfte des Limettensafts darüberträufeln und unterrühren. Dann die Avocadoscheiben zu den anderen Salatzutaten geben.

4. Für das Dressing restlichen Limettensaft, Sojasauce, Öl und Honig mit etwas Pfeffer in einem Kännchen gut verrühren. Die gerösteten Saaten über den Salat streuen und sofort servieren. Das Dressing separat dazu reichen.

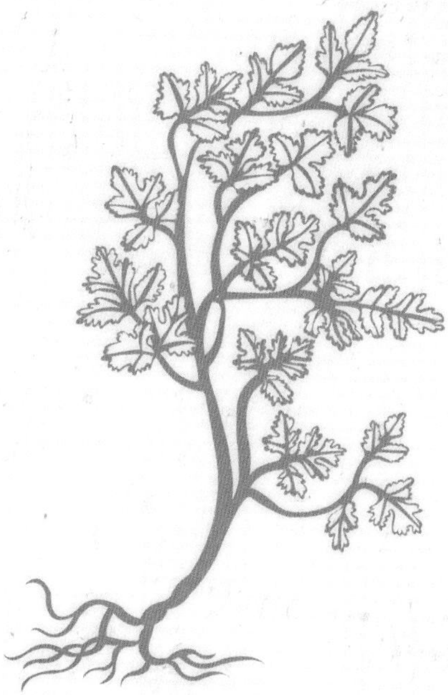

Pro Portion: *343 kcal / 28.6 g Fett / 3.5 g ges. Fettsäuren / 20.4 g Kohlenhydrate / 5.2 g Zucker / 8.8 g Ballaststoffe / 8 g Eiweiß / 0.9 g Salz*

Spinat-Vollkorntarte mit Feta & Erbsen

Für 6 Personen

Vorbereitung: 35 Minuten, plus Kühlen und Auskühlen
Garzeit: 1–1¼ Stunden

15 g Butter
3 Frühlingszwiebeln, in feine Ringe geschnitten
200 g Babyspinat, gewaschen und abgetropft
100 g frische Erbsen, gepalt
3 Eier
250 ml Milch
100 g Feta, fein zerkrümelt
115 g Cocktailtomaten
Salz und Pfeffer

Teig

115 g kalte Butter, gewürfelt
225 g Weizenvollkornmehl, plus etwas mehr zum Bestäuben
2 Eier, verquirlt

Diese verlockende Tarte schmeckt warm oder kalt, kann also auch gut im Voraus zubereitet und gekühlt aufbewahrt werden. Mit grünem Salat serviert wird sie zu einem appetitlichen Mittagessen für die ganze Familie.

1. Für den Teig Butter und Mehl in eine Schüssel geben und mit Salz und Pfeffer bestreuen. Die Butter mit den Fingerspitzen in das Mehl einarbeiten, bis eine krümelige Masse entsteht. Nach und nach die Eier unterrühren, bis sich alles zu einem weichen, aber nicht klebrigen Teig verbunden hat.

2. Die Arbeitsfläche leicht mit Mehl bestäuben. Den Teig vorsichtig durchkneten, dann zu einem etwa 30 cm großen Kreis ausrollen. Den Teig in eine Tarteform mit Hebeboden (26 cm Ø) legen, an Boden und Seiten andrücken, der Rand sollte etwas überstehen, da er beim Backen etwas einsinkt. Den Boden mehrfach mit einer Gabel einstechen.

3. Die Tarteform mit Frischhaltefolie abdecken und 15–30 Minuten im Kühlschrank ruhen lassen. Inzwischen den Backofen auf 190 °C vorheizen.

4. Für die Füllung die Butter in einer Pfanne bei mittlerer Hitze zerlassen. Die Frühlingszwiebeln zugeben und 2–3 Minuten braten. Den Spinat zugeben, den Herd auf starke Hitze stellen und die Spinatblätter unter Rühren kurz zusammenfallen lassen. Zum Abkühlen beiseitestellen.

5. Die Erbsen in einem kleinen Topf mit kochendem Wasser 2 Minuten garen. Abtropfen lassen, dann in eiskaltem Wasser abschrecken, anschließend nochmals abtropfen lassen. Eier, Milch, Salz und Pfeffer in einer Schüssel verquirlen.

6. Die Tarteform mit Backpapier auslegen und darauf Backbohnen geben. Auf ein Backblech stellen und im vorgeheizten Ofen 10 Minuten blindbacken. Dann Papier und Bohnen entfernen und den Teig nochmals 5 Minuten backen, bis der Boden schön knusprig ist.

7. Die Frühlingszwiebel-Spinat-Mischung über den verquirlten Eiern ausdrücken, dann auf dem Teigboden verteilen. Die Erbsen daraufgeben und den Käse darüber verteilen. Die Eiermasse nochmals verquirlen, dann über das Gemüse gießen und die Tarte mit den Tomaten belegen. 40–50 Minuten backen. Die Masse sollte gestockt und gebräunt sein. 20 Minuten abkühlen lassen, dann servieren.

Pro Portion: *439 kcal / 27.1 g Fett / 15.6 g ges. Fettsäuren / 35.9 g Kohlenhydrate / 4.9 g Zucker / 6.2 g Ballaststoffe / 16.4 g Eiweiß / 0.7 g Salz*

Rindfleisch-Pho

Wandern Sie in Gedanken um die Welt und gönnen Sie Ihrem Gaumen die verlockenden, frischen Aromen dieses beliebten vietnamesischen Nudelgerichts mit Rindfleischstreifen. Perfekt für einen geselligen Lunch unter Freunden.

Für 4 Personen

Vorbereitung: 20–25 Minuten
Garzeit: 40 Minuten

2 l Rinderbrühe
4-cm-Stück frische Ingwerwurzel, in Scheiben geschnitten
1 Sternanisfrucht
2 Zimtstangen
5 Gewürznelken
75 ml Fischsauce
1 frischer roter Chili, entkernt und in feine Ringe geschnitten
200 g Reis-Vermicelli
350 g Rumpsteak oder Rinderhüftsteak, in sehr dünne Scheiben geschnitten
100 g Zuckererbsen, in Streifen geschnitten
50 g Bohnensprossen

Zum Garnieren

30 g frischer Koriander, grob gehackt
30 g frisches Thai-Basilikum, grob gehackt
1 EL in Ringe geschnittener roter Chili

1. Die Brühe in einen großen Topf gießen. Ingwer, Sternanis, Zimtstangen, Nelken, Fischsauce und Chili dazugeben und alles auf hoher Stufe aufkochen, dann die Hitze reduzieren und auf niedriger Stufe abgedeckt 30 Minuten köcheln lassen.

2. Inzwischen die Vermicelli in eine große Schüssel legen und mit kochendem Wasser übergießen. 3–4 Minuten ruhen lassen, bis sie weich sind. Dann das Wasser abgießen und die Nudeln abgedeckt beiseitestellen.

3. Die Steakstreifen in die Brühe geben und 2–3 Minuten köcheln lassen. Ingwerscheiben, Sternanis, Zimtstangen und Nelken mit einem Schaumlöffel herausnehmen.

4. Die Reisnudeln auf vier Servierschalen verteilen. Zuckererbsen und Bohnensprossen auf die Schalen verteilen, dann die heiße Brühe mit Fleisch mit einer Kelle darübergeben. Mit Koriander, Thai-Basilikum und rotem Chili garnieren und sofort servieren.

Pro Portion: *366 kcal / 8.1 g Fett / 3.3 g ges. Fettsäuren / 49.8 g Kohlenhydrate / 4.1 g Zucker / 2.2 g Ballaststoffe / 24.3 g Eiweiß / 10.1 g Salz*

Kalte Dicke-Bohnen-Suppe

Für 6 Personen

Vorbereitung: 30 Minuten, plus Auskühlen und Kühlen
Garzeit: 8–10 Minuten

850 ml Gemüsebrühe
650 g frische junge dicke Bohnen, gepalt
3 EL Zitronensaft
2 EL frisch gehacktes Sommerbohnenkraut
Salz und Pfeffer
6 EL griechischer Naturjoghurt, zum Servieren
1 TL frisch gehackte Minze, zum Garnieren

Diese kühle, tiefgrüne Sommersuppe macht es möglich, frische dicke Bohnen dann zu genießen, wenn sie am besten schmecken.

1. Die Gemüsebrühe in einen großen Topf gießen und aufkochen. Die Hitze reduzieren, die Bohnen zugeben und etwa 7 Minuten köcheln lassen, bis sie weich sind.

2. Den Topf vom Herd nehmen und etwas abkühlen lassen. Alles in den Standmixer geben und – falls nötig portionsweise – zu einer glatten Mischung verarbeiten. Dann die Mischung durch ein Sieb in eine Schüssel streichen.

3. Zitronensaft und Sommerbohnenkraut einrühren und nach Geschmack salzen und pfeffern. Vollständig abkühlen lassen und mit Frischhaltefolie abgedeckt mindestens 3 Stunden kalt stellen.

4. Die Suppe zum Servieren in gekühlte Schalen oder Gläser füllen, auf jede Portion 1 Esslöffel Joghurt geben und mit der Minze garnieren. Sofort servieren.

Pro Portion: *129 kcal / 2,4 g Fett / 1,2 g ges. Fettsäuren / 14,2 g Kohlenhydrate / 2,4 g Zucker / 7,6 g Ballaststoffe / 10,3 g Eiweiß / 1,4 g Salz*

Chiasalat mit dreierlei Bohnen

Für 4 Personen

Vorbereitung: 20 Minuten
Garzeit: 4 Minuten

200 g grüne Bohnen, halbiert
200 g Edamame, Tiefkühlware aufgetaut
150 g Maiskörner, Tiefkühlware aufgetaut
400 g rote Kidneybohnen aus der Dose, abgespült und abgetropft
2 EL Chiasamen

Dressing

3 EL Olivenöl
1 EL Rotweinessig
1 TL körniger Senf
1 TL Agavendicksaft
4 TL fein gehackter frischer Estragon
Salz und Pfeffer

Chiasamen und eiweißreiche Bohnen liefern in diesem Salat Ballaststoffe, Vitamine und Mineralstoffe. Mit pikantem Senfdressing wird eine energiespendende Mittagsmahlzeit daraus.

1. Grüne Bohnen, Edamame und Mais in einen Topf mit kochendem Wasser geben und 4 Minuten blanchieren, bis die grünen Bohnen gar sind. Unter fließend kaltem Wasser abschrecken, abtropfen lassen und in eine Salatschüssel geben.

2. Kidneybohnen und Chiasamen zufügen und untermischen.

3. Für das Dressing Öl, Essig und Senf in ein Schraubglas füllen. Agavendicksaft und Estragon zufügen, dann salzen und pfeffern. Zuschrauben und kräftig schütteln. Über den Salat träufeln und untermischen. Sofort servieren.

Pro Portion: *302 kcal / 15,6 g Fett / 2 g ges. Fettsäuren / 24,4 g Kohlenhydrate / 4,5 g Zucker / 11,1 g Ballaststoffe / 13,4 g Eiweiß / Spuren von Salz*

Ceviche

Natürlich fruchtige Aromen kommen in dieser erfrischenden Kombination aus Fisch, Obst und Gemüse richtig zur Geltung. Eine fettarme Alternative zu Fleischmahlzeiten, von der man problemlos satt wird.

Für 4 Personen

Vorbereitung: 30 Minuten, plus Kühlen
Garzeit: keine

2 rote Grapefruits
200 g Wolfsbarschfilet ohne Haut, gewürfelt
300 g Forellenfilets ohne Haut, gewürfelt
fein abgeriebene Schale und Saft von 2 Limetten
1 frischer roter Chili, entkernt und fein gehackt
½ rote Zwiebel, fein gehackt
1 EL natives Olivenöl extra
15 g frischer Koriander, fein gehackt
60 g Mischung aus Babyspinat, Brunnenkresse und Rucola, gewaschen und abgetropft
Salz und Pfeffer

1. Die Grapefruits über einer Schüssel großzügig schälen, sodass auch die weiße Innenschale entfernt wird. Die Grapefruitfilets zwischen den Trennhäuten mit einem kleinen scharfen Messer herauslösen. Den Saft aus den verbleibenden Trennhäuten in die Schüssel pressen.

2. Die Fischwürfel in eine Glas- oder Porzellanschüssel geben. Mit Limettenschale und -saft vermengen. Chili, Zwiebel, Grapefruitfilets und -saft sowie Öl untermischen. Leicht mit Salz und Pfeffer würzen. Vermengen, sodass alle Fischstücke bedeckt sind.

3. Abgedeckt im Kühlschrank 1–1½ Stunden ziehen lassen, bis der Fisch gegart aussieht; der Wolfsbarsch sollte weiß und das Forellenfilet blassrosa sein.

4. Den Koriander unterheben. Die Salatblattmischung auf vier Tellern verteilen und die Ceviche darauf anrichten. Sofort servieren.

Pro Portion: *263 kcal / 9,7 g Fett / 1,6 g ges. Fettsäuren / 17,8 g Kohlenhydrate / 10,1 g Zucker / 2,9 g Ballaststoffe / 26,7 g Eiweiß / 0,2 g Salz*

Reisschale mit Ei

Für 2 Personen

Vorbereitung: 25 Minuten
Garzeit: 30 Minuten

150 g Naturreis
2 Eier (Größe L)
70 g Spinat, gewaschen und abgetropft
4 Frühlingszwiebeln, fein gehackt
1 frischer roter Chili, entkernt und in dünne Ringe geschnitten
½ reife Avocado, halbiert und in Scheiben geschnitten
2 EL geröstete Erdnüsse

Vinaigrette

2 EL Olivenöl
1 TL Dijon-Senf
1 EL Weißweinessig
Saft von ½ Zitrone

Der Naturreis liefert wichtige Ballaststoffe, und der Chili sorgt für Pfiff in diesem fleischfreien eiweißreichen Mittagessen.

1. Den Reis in einen großen Topf geben und mit doppelt so viel Wasser aufgießen. Aufkochen und 25 Minuten köcheln lassen, bis der Reis weich ist und die Flüssigkeit fast vollständig aufgenommen hat. Falls nötig, einige Minuten weiterköcheln lassen.

2. Inzwischen Wasser in einem kleinen Topf aufkochen, die Eier vorsichtig hineingeben und 7 Minuten kochen. Das Eiweiß sollte fest, das Eigelb noch ein wenig weich sein. Abgießen und die Eier unter kaltem Wasser abschrecken. Die Eier schälen und in Viertel schneiden.

3. Spinat, die Hälfte der Frühlingszwiebeln und etwas roten Chili unter den Reis rühren.

4. Für die Vinaigrette Olivenöl, Senf, Weißweinessig und Zitronensaft verquirlen. Die Vinaigrette über den Reis geben und alles vermengen.

5. Den Reis auf zwei Servierschalen verteilen und restliche Frühlingszwiebeln, Avocadoscheiben, restlichen Chili, Erdnüsse und Eierviertel darauf anrichten.

Pro Portion: *653 kcal / 33.9 g Fett / 5.9 g ges. Fettsäuren / 71.1 g Kohlenhydrate / 4 g Zucker / 8.7 g Ballaststoffe / 19.1 g Eiweiß / 0.3 g Salz*

Muscheln mit Speck & Porree

Für 4 Personen

Vorbereitung: 20–25 Minuten
Garzeit: 20 Minuten

1,5 kg frische Venusmuscheln, abgebürstet

1 TL Butter

12 Scheiben durchwachsener Frühstücksspeck, grob gehackt

200 g Porree, in Scheiben geschnitten

1 Knoblauchzehe, fein gehackt

100 ml Weinbrand

300 ml kaltes Wasser

100 g Schlagsahne

25 g frische gehackte glatte Petersilie

Frische Muscheln, Frühstücksspeck und Porree verleihen dieser cremigen Suppe ein einzigartiges Aroma. Etwas Vollkornbaguette dazu, und fertig ist die Mahlzeit für den kleinen Freundes- oder Familienkreis!

1. Muscheln mit beschädigter Schale und offene Exemplare, die sich beim Antippen nicht sofort schließen, aussortieren.

2. Die Butter in einem hohen, schweren Topf bei mittlerer Hitze zerlassen. Den Speck darin 4–5 Minuten unter Rühren anbraten, bis er knusprig braun ist. Mit einem Schaumlöffel auf Küchenpapier heben und abtropfen lassen.

3. Porree und Knoblauch in den Topf geben und 5 Minuten unter regelmäßigem Rühren anbraten, bis sie weich, aber nicht gebräunt sind.

4. Mit dem Weinbrand ablöschen. Einige Minuten köcheln lassen, bis der Alkohol verdampft ist (Achtung: Weinbrand kann sich in einem heißen Topf entzünden). Das Wasser zugießen und umrühren. Den Herd auf mittlere bis hohe Stufe stellen. Sobald der Sud anfängt zu kochen, die Muscheln zufügen. Bei aufgesetztem Deckel 5 Minuten garen, bis die Muscheln sich geöffnet haben.

5. Den Topf vom Herd nehmen. Muscheln, die sich nicht geöffnet haben, aussortieren und wegwerfen. Speck und Sahne untermischen und mit der Petersilie bestreuen. Mit dem Kochsud in vier tiefe Teller oder Schalen füllen und sofort servieren. Eine Schüssel für die leeren Muschelschalen auf den Tisch stellen.

Pro Portion: *350 kcal / 42.6 g Fett / 17.3 g ges. Fettsäuren / 10.6 g Kohlenhydrate / 2 g Zucker / 1.1 g Ballaststoffe / 57.9 g Eiweiß / 7 g Salz*

Pizzafladen mit Zucchini & Ricotta

Durch Quinoa ist diese selbst gemachte Pizza mit saftigem Gemüse und Knoblauchöl besonders nährstoffreich. Am besten schmeckt sie frisch aus dem Ofen.

Für 2 Personen

Vorbereitung: 30 Minuten
Garzeit: 7–10 Minuten

50 g Crème fraîche
150 g Zucchini, mit einem Gemüseschäler in dünne Streifen geschnitten
55 g Cocktailtomaten, geviertelt
50 g Ricotta
1 Knoblauchzehe, zerdrückt
2 EL Olivenöl

Teigböden

100 g Weizenvollkornmehl, plus etwas mehr zum Bestäuben
50 g Quinoamehl
¾ TL Natron
1 EL Olivenöl
2 EL warmes Wasser
Salz

1. Den Backofen auf 200 °C vorheizen. Für die Teigböden beide Mehlsorten und Natron in eine große Schüssel geben und nach Belieben salzen. Das Öl zugießen und alles mit so viel Wasser verkneten, dass ein weicher, nicht klebender Teig entsteht.

2. Den Teig auf einer leicht bemehlten Arbeitsfläche 2 Minuten durchkneten, bis er glatt und elastisch ist.

3. Zwei Backbleche in den Ofen schieben und heiß werden lassen.

4. Den Teig halbieren und zu zwei etwa 5 mm dicken Kreisen ausrollen. Die Bleche aus dem Ofen nehmen und rasch die Teigfladen darauflegen. Die Teigböden mit der Crème fraîche bestreichen und mit Zucchini und Tomaten belegen. Den Ricotta in kleinen Tupfen darauf verteilen.

5. Im vorgeheizten Ofen 7–10 Minuten backen, bis die Teigböden goldgelb und knusprig sind.

6. Knoblauch und Öl in einer Schale verrühren und über die Pizzafladen träufeln. Sofort servieren.

Pro Portion: *592 kcal / 34,4 g Fett / 10,7 g ges. Fettsäuren / 60 g Kohlenhydrate / 3,3 g Zucker / 8,7 g Ballaststoffe / 15,2 g Eiweiß / 1,2 g Salz*

Spargel mit Stremellachs & pochierten Eiern

Für 2 Personen

Vorbereitung: 25 Minuten, plus Kühlen
Garzeit: 15–20 Minuten

50 g weiche Butter

fein abgeriebene Schale von ½ Zitrone, plus ½ TL Zitronensaft

1 Stängel frischer Dill, grob gehackt

400 g Stremellachs (heiß geräucherter Lachs)

10 grüne Spargelstangen

2 Eier (Größe L)

Salz und Pfeffer

Lachs ist reich an wichtigen Omega-3-Fettsäuren, und die Spargelspitzen bringen zusätzliche Antioxidantien mit. Mit pochierten Eiern entsteht ein feiner Lunch für zwei.

1. Den Backofen auf 180 °C vorheizen. Butter, Zitronenschale und -saft mit dem Dill in einer Schale verrühren. Mit Salz und Pfeffer würzen. Die Buttermasse auf einem Stück Frischhaltefolie mit einem Löffelrücken grob zu einem kleinen Quadrat verstreichen, einschlagen und im Kühlschrank fest werden lassen.

2. Inzwischen den Lachs in Alufolie einschlagen und im vorgeheizten Ofen 15 Minuten erwärmen. Dann in mundgerechte Stücke zerteilen und gegebenenfalls warm halten.

3. Währenddessen die Spargelstangen in einer Pfanne mit leicht gesalzenem Wasser einige Minuten kochen, bis sie gar, aber noch knackig sind. Abtropfen und unter fließend kaltem Wasser kurz abschrecken. Beiseitelegen.

4. In einem breiten Topf Wasser bis knapp unter den Siedepunkt erhitzen. Ein Ei in eine Tasse aufschlagen. Das Wasser rühren, sodass ein Wirbel entsteht. Wenn sich der Wirbel fast gelegt hat, das Ei in die Mitte gleiten lassen und 2–3 Minuten pochieren. Mit einem Schaumlöffel herausnehmen. Mit dem zweiten Ei ebenso verfahren.

5. Je 5 Spargelstangen auf Servietellern anrichten und die Lachsstückchen darauf verteilen. Die pochierten Eier daraufsetzen und mit einem Stück Zitronenbutter garnieren. Die pochierten Eier sollten noch so warm sein, dass die Butter zu einer köstlichen Zitronen-Kräuter-Sauce schmilzt. Sofort servieren.

Pro Portion: *648 kcal / 45,6 g Fett / 19,4 g ges. Fettsäuren / 3,9 g Kohlenhydrate / 1,8 g Zucker / 1,8 g Ballaststoffe / 56,2 g Eiweiß / 7,6 g Salz*

Regenbogen-Sushi-Rollen

Aus buntem Gemüse mit reichlich Antioxidantien entsteht die nährstoffreiche Füllung dieser vegetarischen Sushi-Rollen. Ideal für eine kleine Mahlzeit unter Freunden.

Für 4 Personen

Vorbereitung: 30–35 Minuten, plus Auskühlen und Kühlen
Garzeit: 18–20 Minuten

175 g Sushi-Reis
750 ml kaltes Wasser
2 EL Mirin
1 EL Olivenöl
100 g dünner grüner Spargel
4 Noriblätter
100 g eingelegter Sushi-Ingwer (Gari), abgetropft
25 g Grünkohl, in feine Streifen geschnitten
1 kleine rote Paprika, in feine Streifen geschnitten
1 kleine gelbe Paprika, in feine Streifen geschnitten
100 g Karotten, in feine Stifte geschnitten
100 g gegarte Rote Bete, abgetropft und in feine Stifte geschnitten
2 EL Tamari
2 EL chinesischer Reiswein
Salz

1. Reis und Wasser mit etwas Salz in einen Topf geben und unter gelegentlichem Rühren zum Kochen bringen. Die Hitze auf kleinste Stufe stellen, ein sauberes Küchentuch und den Deckel auflegen und 18–20 Minuten köcheln lassen, bis der Reis weich ist und das Wasser aufgesogen hat. Gegen Ende der Garzeit den Reis umrühren, damit er nicht am Boden ansetzt. Vom Herd nehmen und den Mirin vorsichtig einrühren. 10 Minuten abkühlen lassen.

2. In der Zwischenzeit das Öl in einer Pfanne erhitzen, den Spargel hineingeben und auf mittlerer Stufe 3–4 Minuten braten, bis er weich ist. Beiseitestellen.

3. Eine Sushi-Matte mit Frischhaltefolie belegen und 1 Noriblatt darauflegen. Ein Viertel vom warmen Reis über das gesamte Noriblatt verteilen.

4. Ein Viertel des Ingwers überlappend in einem Streifen längs von einer Seite zur anderen über den Reis legen. Dann je ein Viertel von Spargel, Grünkohl, roter Paprika, gelber Paprika, Karotten und Roter Bete in Streifen auf den Reis geben. Nach der Roten Bete sollte noch ein Reisstreifen von 2 cm frei bleiben.

5. Mithilfe der Folie und der Matte das Noriblatt mit Füllung zu einer festen Rolle formen. Die Matte entfernen, die Enden der Folie verdrehen und die Rolle auf ein Tablett legen. Auf dieselbe Weise drei weitere Rollen herstellen. Anschließend 1 Stunde in den Kühlschrank legen, nach Belieben auch länger.

6. Zum Servieren Tamari und Reiswein in einer Schüssel vermischen und auf vier Dip-Schälchen verteilen. Die Nori-Rollen auswickeln und in jeweils fünf dicke Scheiben schneiden. Sofort servieren.

Pro Portion: *280 kcal / 4.1 g Fett / 0.6 g ges. Fettsäuren / 50.9 g Kohlenhydrate / 7.7 g Zucker / 5.7 g Ballaststoffe / 6.7 g Eiweiß / 3.4 g Salz*

Puten-Wraps mit Avocado-Salsa

Wraps sollte man immer teilen – und diese frischen Leckerbissen sind die perfekte Wahl für ein Wochenende im Freien mit Freunden oder Familie. Besonders viel Spaß macht das individuelle Zusammenstellen.

Für 4 Personen

Vorbereitung: 30 Minuten, plus Marinieren
Garzeit: 12 Minuten

4 dünne Putenbrustschnitzel (insgesamt 350 g)
Olivenöl, zum Bestreichen
4 Blätter Romanasalat, dicke Rippen entfernt, in Streifen geschnitten
4 Mais-Tortillas, erwärmt
3 EL saure Sahne

Marinade

Saft von 2 Orangen
1 TL Kreuzkümmelsamen, leicht zerstoßen
½ TL getrocknete rote Chiliflocken
4 EL Olivenöl
Salz und Pfeffer

Salsa

2 Avocados, gewürfelt
1 kleine rote Zwiebel, gewürfelt
2 Tomaten, entkernt und gewürfelt
2 EL frisch gehackter Koriander
Saft von 1 Limette

1. Das Putenfleisch in etwa 4 cm x 6 cm große Streifen schneiden und in eine flache Schlüssel legen.

2. Alle Zutaten für die Marinade verrühren. Über das Putenfleisch gießen, abdecken und 4 Stunden oder über Nacht im Kühlschrank marinieren. Mindestens 30 Minuten vor der Zubereitung aus dem Kühlschrank nehmen, damit das Fleisch Zimmertemperatur annimmt.

3. Alle Zutaten für die Salsa in einer kleinen Schüssel vermengen.

4. Den Backofengrill auf höchster Stufe vorheizen. Das Putenfleisch abtropfen lassen und die Marinade wegschütten. Die Putenstreifen wellenförmig auf Metallspieße stecken (oder Holzspieße verwenden und deren Enden mit Aluminiumfolie umwickeln, damit sie nicht anbrennen). Das Fleisch mit Öl bestreichen. Die Spieße auf ein Grillrost legen und unter dem vorgeheizten Grill von jeder Seite 5 Minuten braten, bis das Fleisch gar und an den Enden gebräunt ist. Zur Garprobe das Fleisch mit einem Messer anschneiden. Es sollte innen nicht mehr rosa und der austretende Fleischsaft klar sein. Das Fleisch von den Spießen streifen und warm halten.

5. Den Salat auf den Tortillas verteilen und das Putenfleisch darauflegen. Saure Sahne und Salsa zufügen. Den unteren Teil und die Seiten der Tortillas über die Füllung falten. Die Wraps sofort servieren.

Pro Portion: *487 kcal / 26 g Fett / 5 g ges. Fettsäuren / 37.2 g Kohlenhydrate / 6.2 g Zucker / 9.6 g Ballaststoffe / 28.5 g Eiweiß / 0.6 g Salz*

Gewürzreis mit Hähnchen & Granatapfel

Machen Sie Ihre Mittagspause zu einem würzig-bunten Mahl aus Hähnchen und Reis, garniert mit roten Granatapfelkernen: im Nährstoffgehalt kaum zu schlagen und durch die frischen Kräuter reich an Antioxidantien.

Für 4 Personen

Vorbereitung: 25 Minuten, plus Auskühlen
Garzeit: 45–50 Minuten

4 große Hähnchenschenkel
2 TL chinesisches Fünf-Gewürze-Pulver
2 EL Olivenöl
2 rote Zwiebeln, in dünne Ringe geschnitten
2 Knoblauchzehen, in feine Scheiben geschnitten
5 Kardamomkapseln, zerdrückt
2 Sternanisfrüchte
250 g Naturreis
750 ml Gemüsebrühe
25 g frisch gehackte Minze
25 g frisch gehackte glatte Petersilie
Fruchtkerne von 1 Granatapfel
4 EL geröstete Mandeln
abgeriebene Schale und Saft von 1 Zitrone
Salz und Pfeffer

1. Den Backofen auf 200 °C vorheizen. Die Hähnchenschenkel in ein tiefes Backblech legen und mit dem Fünf-Gewürze-Pulver bestreuen. Mit 1 Esslöffel Olivenöl beträufeln und im vorgeheizten Ofen 20 Minuten garen. Für den Gartest einen Spieß in den dicksten Teil stechen, der austretende Fleischsaft sollte klar sein. Aus dem Ofen nehmen und zum Abkühlen beiseitestellen.

2. Inzwischen das restliche Olivenöl in einem großen Topf auf mittlerer Stufe erhitzen. Die Zwiebeln hineingeben und 10–12 Minuten dünsten, bis sie weich sind. Knoblauch, Kardamom und Sternanise zugeben und 1 Minute weiterrühren. Den Reis zugeben, alles gut verrühren und kurz weitergaren.

3. Die Brühe in den Topf gießen und alles aufkochen. Abgedeckt 25–30 Minuten auf niedriger Stufe köcheln lassen, bis der Reis die Brühe aufgenommen hat und gar ist.

Pro Portion: *675 kcal / 33,9 g Fett / 7,7 g ges. Fettsäuren / 64,2 g Kohlenhydrate / 7,8 g Zucker / 6,2 g Ballaststoffe / 30,3 g Eiweiß / 2,2 g Salz*

4. Das leicht abgekühlte Fleisch von den Knochen lösen und in kleine Stücke schneiden. Zusammen mit der Bratflüssigkeit in die Reismischung geben und nach Geschmack salzen und pfeffern.

5. Die Hälfte der Minze und Petersilie einrühren. Restliche Kräuter, Granatapfelkerne, geröstete Mandeln, Zitronensaft und -schale darübergeben und sofort servieren.

Kürbisquiche mit Ziegenkäse & Chorizo

Wie wäre es mal mit selbst gebackener Quiche? Diese fabelhaft würzige, leichte Variante gibt jede Menge Energie für die zweite Tageshälfte und kann warm oder kalt auf den Tisch kommen. Dazu passt ein frischer Rucolasalat.

Für 4 Personen

Vorbereitung: 35 Minuten, plus Kühlen und Auskühlen
Garzeit: 1 Stunde 20 Minuten

400 g Butternusskürbisfleisch, gewürfelt

1 EL Olivenöl

200 g Chorizo, in kleine Stücke geschnitten

3 Eier

100 g Crème fraîche

2 EL frische Thymianblätter

100 g halbfester Ziegenkäse

Salz und Pfeffer

Teig

50 g kalte Butter, gewürfelt

100 g Weizenvollkornmehl, plus etwas mehr zum Bestäuben

2 EL kaltes Wasser

1. Den Backofen auf 190 °C vorheizen. Für den Teig Butter und Mehl mit etwas Salz und Pfeffer in eine Schüssel geben und mit den Fingern fein krümelig verreiben. Nach und nach so viel Wasser einarbeiten, dass ein weicher, nicht klebriger Teig entsteht. Alternativ in der Küchenmaschine verkneten.

2. Den Teig auf einer leicht bemehlten Arbeitsfläche zu einer Scheibe formen und in Frischhaltefolie einschlagen. Mindestens 30 Minuten im Kühlschrank ruhen lassen.

3. Inzwischen für den Belag die Kürbiswürfel in eine große Auflaufform geben. Salzen und pfeffern und sorgfältig mit dem Öl vermengen. Im vorgeheizten Ofen 15 Minuten garen. Die Chorizo untermischen und weitere 15 Minuten garen, bis der Kürbis weich und leicht gebräunt und die Chorizo knusprig ist. Abkühlen lassen.

4. Den Teig auf einer bemehlten Arbeitsfläche zu einem knapp 23 cm großen Kreis ausrollen. Auf ein mit Backpapier belegtes Backblech heben und mehrmals mit einer Gabel einstechen. Im vorgeheizten Ofen 20 Minuten backen. Den Boden einer Springform (20 cm Ø) als Schablone darauflegen und einen Kreis ausschneiden. Abkühlen lassen.

5. Inzwischen die Eier in einer Schüssel mit einer Gabel leicht verquirlen. Crème fraîche und Thymian unterrühren und großzügig mit Pfeffer würzen.

6. Die Springform mit Backpapier auskleiden. Den abgekühlten Teigboden in die Form setzen und mit Kürbis und Chorizo belegen. Mit der Eiermischung übergießen und den Ziegenkäse darauf verteilen. Die Ofentemperatur auf 160 °C reduzieren und die Quiche 30 Minuten backen, bis der Belag fest ist. Warm oder kalt servieren.

Pro Portion: *724 kcal / 54,7 g Fett / 26,2 g ges. Fettsäuren / 34,7 g Kohlenhydrate / 3,9 g Zucker / 5,3 g Ballaststoffe / 26,8 g Eiweiß / 2,5 g Salz*

Erfrischender Rindfleischsalat

Saftige Rinderfiletstreifen bereichern diesen Salat mit viel Eiweiß und Eisen. Hellrote Gojibeeren machen das Gaumenvergnügen noch gehaltvoller.

Für 4 Personen

Vorbereitung: 25 Minuten
Garzeit: 6–10 Minuten, plus Ruhen

½ Eisbergsalat, in mundgerechte Stücke zerzupft
200 g Radieschen, in feine Scheiben geschnitten
4 Schalotten, in feine Ringe geschnitten
85 g Grünkohl, klein geschnitten
2 EL getrocknete Gojibeeren
25 g frische Minze, grob gehackt
25 g frischer Koriander, grob gehackt
2 Rinderfiletsteaks (à 250 g), pariert
4 EL Sonnenblumenöl
Saft von 1 Limette
1 EL Sojasauce
Salz und Pfeffer

1. Salat, Radieschen, Schalotten, Kohl, Gojibeeren und Kräuter in eine große Salatschüssel geben und vermischen.

2. Eine Grillpfanne auf hoher Stufe erhitzen. Die Steaks mit 1 Esslöffel Öl bestreichen und mit etwas Salz und Pfeffer würzen. In der heißen Pfanne von jeder Seite nach Belieben 2 Minuten (englisch), 3 Minuten (medium) oder 4 Minuten (durchgegart) braten. Die Steaks auf einen Teller heben und einige Minuten ruhen lassen.

3. Inzwischen für das Dressing Limettensaft, Sojasauce und restliches Öl in ein Schraubglas füllen, zuschrauben und kräftig schütteln. Das Dressing über den Salat träufeln und unterheben.

4. Den Salat auf vier Servierschalen verteilen. Die Steaks in dünne Streifen schneiden und auf den Salatportionen anrichten. Sofort servieren.

Pro Portion: *353 kcal / 19.1 g Fett / 3.2 g ges. Fettsäuren / 14.8 g Kohlenhydrate / 5.7 g Zucker / 3.7 g Ballaststoffe / 31.3 g Eiweiß / 0.8 g Salz*

Süßkartoffeln mit Garnelenfüllung

Für 4 Personen

Vorbereitung: 25 Minuten, plus Kühlen
Garzeit: 1 Stunde

4 Süßkartoffeln (à 250 g), abgebürstet und mit einer Gabel eingestochen
85 g Maiskörner, Tiefkühlware aufgetaut
125 g Eiertomaten, gewürfelt
4 Frühlingszwiebeln, fein gehackt
1 Mango, geschält und gewürfelt
15 g frischer Koriander, fein gehackt
1 frischer roter Chili, entkernt und fein gehackt (nach Belieben)
300 g gegarte, ausgelöste Garnelen
fein abgeriebene Schale und Saft von 1 Limette
300 g fettreduzierter Hüttenkäse
Salz und Pfeffer

Ein echtes Leibgericht für Kinder und Erwachsene ist diese köstlich gesunde Süßkartoffelkreation mit würzigen Garnelen und fruchtiger Mango-Salsa.

1. Den Backofen auf 200 °C vorheizen. Die Süßkartoffeln auf ein Backblech setzen und im Ofen 1 Stunde garen, bis sie weich sind.

2. Inzwischen Wasser in einem Topf zum Kochen bringen und den Mais darin 3 Minuten garen. Das Wasser abgießen, den Mais unter fließend kaltem Wasser abschrecken und abtropfen lassen.

3. Tomaten, Frühlingszwiebeln und Mango in eine Schale geben und mit Koriander, Chili, falls verwendet, und Mais vermengen. Mit Salz und Pfeffer würzen und abgedeckt im Kühlschrank ziehen lassen.

4. Die Garnelen mit Limettenschale und -saft in einer zweiten Schale mischen. Mit Salz und Pfeffer würzen und abgedeckt im Kühlschrank ziehen lassen.

5. Die Süßkartoffeln auf einen großen Teller heben, längs einschneiden und die Öffnung etwas weiten. Erst den Hüttenkäse hineingeben, dann Gemüsemischung und Garnelen darauf verteilen.

Pro Portion: *408 kcal / 2.4 g Fett / 0.7 g ges. Fettsäuren / 71.9 g Kohlenhydrate / 23.7 g Zucker / 8 g Ballaststoffe / 24.1 g Eiweiß / 1.9 g Salz*

Avocado-Ei-Salat

Wenn es mittags mit den Energiereserven bergab geht, ist dieser pikante eiweißreiche Salat genau das Richtige. Für den größeren Appetit mit einigen Scheiben frischem Vollkornbaguette servieren.

Für 2 Personen

Vorbereitung: 25 Minuten
Garzeit: 40 Minuten

Salat

100 g Wildreis

2 Eier (Größe L)

1 EL Olivenöl, zum Braten

2 Scheiben Frühstücksspeck, in 2 cm große Stücke geschnitten

1 kleine Avocado, halbiert und in Scheiben geschnitten

2 Tomaten, geviertelt

30 g Brunnenkresse

2 EL frisch gehackter Schnittlauch, zum Garnieren

Dressing

2 EL Weißweinessig

1 EL Zitronensaft

2 TL Dijon-Senf

1 Knoblauchzehe, zerdrückt

2 EL Olivenöl

1. Für den Salat den Wildreis mit 350 ml kaltem Wasser in einen Topf geben und auf hoher Stufe erhitzen. Aufkochen und die Hitze auf niedrige Stufe reduzieren. Den Reis 25 Minuten köcheln lassen, bis er gar ist. Überschüssiges Wasser abgießen und den Topf beiseitestellen.

2. Für das Dressing Essig, Zitronensaft, Senf, Knoblauch und Olivenöl in ein Schraubglas oder eine kleine Schüssel geben. Gut verrühren oder den Deckel aufsetzen und das Glas gut schütteln. Das Dressing beiseitestellen.

3. Wasser in einem kleinen Topf aufkochen und die Eier vorsichtig hineingeben. 10 Minuten kochen, dann aus dem Topf nehmen und unter kaltem Wasser abschrecken. Die Eier schälen und in Viertel schneiden. Die Eierviertel beiseitestellen.

Pro Portion: *705 kcal / 49.3 g Fett / 10.2 g ges. Fettsäuren / 48.6 g Kohlenhydrate / 4 g Zucker / 9.2 g Ballaststoffe / 20.9 g Eiweiß / 0.8 g Salz*

4. Das Olivenöl in einen kleinen Topf geben und auf hoher Stufe erhitzen. Den Frühstücksspeck darin 4–5 Minuten unter ständigem Rühren braten, bis er goldbraun und kross ist. Beiseitestellen.

5. Reis, Speckstücke, Avocado, Tomaten, Eierviertel und Brunnenkresse auf zwei Servierschalen verteilen. Mit dem Schnittlauch garnieren und mit dem Dressing beträufeln. Sofort servieren.

Vietnamesischer Tofu-Nudel-Salat

Für 4 Personen

Vorbereitung: 10 Minuten, plus Marinieren und Kühlen
Garzeit: 12 Minuten

400 g gekühlter fester Tofu, abgetropft und in 8 Scheiben geschnitten
115 g Sobanudeln (asiatische Buchweizennudeln)
200 g Edamame, Tiefkühlware aufgetaut
1 Karotte, in feine Stifte geschnitten
85 g Zuckererbsen, in feine Streifen geschnitten
115 g gelb- und rotstieliger Mangold, Stiele in feine Stifte, Blätter in Streifen geschnitten
15 g frischer Koriander, grob gehackt

Marinade

2 EL Sojasauce
2 EL Sesamsaat
1 frischer roter Chili, entkernt und fein gehackt (nach Belieben)
4-cm-Stück frische Ingwerwurzel, fein gehackt

Dressing

4 EL kalt gepresstes Rapsöl
Saft von ½ Zitrone
1 EL süßsaure Chilisauce

In diesem veganen Salat verbinden sich Sobanudeln aus Buchweizen mit gegrilltem Tofu und proteinreichem Gemüse zu einem aromatischen Genuss asiatischer Art.

1. Den Boden einer Grillpfanne mit Alufolie belegen. Die Tofuscheiben nebeneinander daraufsetzen und die Alufolienränder nach oben schlagen, sodass eine Art Glocke entsteht.

2. Für die Marinade Sojasauce, Sesam, Chili, falls verwendet, und die Hälfte des Ingwers in einer Schale verrühren. Über den Tofu träufeln und 10 Minuten marinieren. Den Backofengrill vorheizen.

3. Wasser in einem großen Topf zum Kochen bringen. Nudeln und gefrorene Edamame darin 3–4 Minuten gar kochen. Das Wasser abgießen, dann Nudeln und Edamame unter fließend kaltem Wasser abschrecken.

4. Karotte, Zuckererbsen, Mangoldstiele und -blätter sowie Koriander in einer großen Schüssel vorsichtig mit Sobanudeln und Edamame vermengen.

5. Für das Dressing alle Zutaten mit dem restlichen Ingwer in einer Schale verrühren, über den Salat gießen und locker unterheben.

6. Den Tofu in der Marinade wenden und 2 Minuten von jeder Seite unter dem heißen Grill bräunen. Einige Minuten abkühlen lassen, dann würfeln und zusammen mit den Marinaderesten aus der Folie über dem Salat verteilen. Sofort servieren.

Pro Portion: *412 kcal / 22.8 g Fett / 2.1 g ges. Fettsäuren / 33.2 g Kohlenhydrate / 6 g Zucker / 4.9 g Ballaststoffe / 19.9 g Eiweiß / 2.1 g Salz*

Frittata mit Avocado, Speck & Peperoni

Für 4 Personen
Vorbereitung: 20–25 Minuten
Garzeit: 12–16 Minuten

1 EL Pflanzenöl
8 Scheiben durchwachsener Frühstücksspeck, grob gehackt
6 Eier, verquirlt
3 EL Schlagsahne
2 große Avocados, in Scheiben geschnitten
1 frischer roter Chili, entkernt und in feine Ringe geschnitten
Saft von ½ Limette
Salz und Pfeffer

Reife Avocados enthalten nicht nur jede Menge Nährstoffe, sondern sind auch für die besondere Cremigkeit und aufregende Färbung dieser köstlichen Frittata verantwortlich.

1. Den Backofengrill vorheizen. Das Öl in einer ofenfesten Pfanne (20 cm Ø) erhitzen und den Speck darin bei mittlerer Hitze 4–5 Minuten unter Rühren braten, bis er knusprig und gebräunt ist. Mit einem Schaumlöffel auf Küchenpapier legen und abtropfen lassen.

2. Die Eier in einer Schüssel mit der Sahne verrühren und mit Salz und Pfeffer würzen. Die Eier in die Pfanne gießen und 1–2 Minuten ohne Rühren stocken lassen. Speck und Avocadoscheiben hineingeben und weitere 2–3 Minuten garen, bis die Frittata fast fest und die Unterseite gebräunt ist.

3. Die Frittata unter dem heißen Grill 3–4 Minuten garen, bis auch die Oberseite gebräunt und gestockt ist. Die Chiliringe darauf verteilen und mit dem Limettensaft beträufeln. In Stücke schneiden und servieren.

Pro Portion: *445 kcal / 53.4 g Fett / 16.6 g ges. Fettsäuren / 10.9 g Kohlenhydrate / 1.6 g Zucker / 6.9 g Ballaststoffe / 43.9 g Eiweiß / 4.3 g Salz*

Energiegeladene Snacks & Beilagen

Feigen-Hafer-Schnitten

Hier verbinden sich vollwertige Haferflocken mit ballaststoffreichen getrockneten Feigen. Das Ergebnis sind diese saftigen Schnitten ohne Zucker- und Salzzusatz. Chiasamen und Gewürze machen die kleinen Kraftpakete perfekt.

Ergibt 25 Stück

Vorbereitung: 20–25 Minuten, plus Auskühlen
Garzeit: 20 Minuten

450 g getrocknete Soft-Feigen
3 EL Kokosöl, zimmerwarm
½ TL Ingwerpulver
½ TL Zimt
Saft von 1 großen Orange
200 g grobe Haferflocken
1 EL Chiasamen
Sonnenblumenöl, zum Einfetten

1. Den Backofen auf 180 °C vorheizen. Eine quadratische Backform (23 cm x 23 cm) mit Backpapier auslegen.

2. Feigen, Kokosöl, Ingwer und Zimt in den Standmixer geben und mit der Pulse-Funktion kurz zerkleinern. Orangensaft und Haferflocken zugeben und alles mit der Pulse-Funktion zu einem groben Teig verarbeiten. Ist der Teig zu trocken, etwas mehr Orangensaft zugießen, ist er zu flüssig, etwas mehr Haferflocken zufügen. Die Chiasamen in den Mixer geben und alles vermengen.

3. Die Mischung in die Backform füllen. Mit einem eingefetteten Pfannenwender den Teig bis in die Ecken schieben und gleichmäßig verteilen.

4. Im vorgeheizten Ofen 20 Minuten backen. Dann aus dem Ofen nehmen und mit einem scharfen Messer in 25 Stücke schneiden. Die Schnitten auf einem Kuchengitter abkühlen lassen und servieren.

Pro Stück: *93 kcal / 2,4 g Fett / 1,5 g ges. Fettsäuren / 17,5 g Kohlenhydrate / 9 g Zucker / 2,8 g Ballaststoffe / 1,7 g Eiweiß / Spuren von Salz*

Honig-Gewürz-Nüsse

Für 6 Personen

Vorbereitung: 15–20 Minuten

Garzeit: 10 Minuten

75 g Paranusskerne
50 g Pekannusskerne
50 g Cashewkerne
25 g Kürbiskerne
1 EL Sonnenblumenöl
1 ½ EL flüssiger Honig
½ TL Zimt
½ TL Lebkuchengewürz
½ TL gemahlener schwarzer Pfeffer
½ TL Paprikapulver edelsüß
¼ TL Salz

Diese würzigen Nüsse sind nicht nur ein gluten- und milchfreier Snack, sondern auch rasch zubereitet und einfach unwiderstehlich.

1. Ein Backblech mit Backpapier auslegen. Den Backofen auf 140 °C vorheizen.

2. Alle Zutaten bis auf ½ Teelöffel Honig in einer Schüssel vermengen und auf dem Backblech verteilen.

3. Im vorgeheizten Ofen auf mittlerer Schiene 10 Minuten backen. Dann herausnehmen und die Nüsse mit dem restlichen Honig beträufeln. Abkühlen lassen und servieren. Luftdicht verschlossen halten sich die Nüsse bis zu 1 Woche.

Pro Portion: *247 kcal / 22.3 g Fett / 3.6 g ges. Fettsäuren / 10.5 g Kohlenhydrate / 5.5 g Zucker / 2.5 g Ballaststoffe / 5.4 g Eiweiß / 0.2 g Salz*

Knusprige Grünkohlchips

Grünkohl ist reich an wertvollen Nährstoffen. Diese herzhaften Grünkohlhäppchen sind also eine prima Alternative zu Kartoffel- oder Tortillachips. Sie passen hervorragend zu Getränken in geselliger Runde.

Für 4 Personen

Vorbereitung: 20 Minuten
Garzeit: 10–12 Minuten

250 g Grünkohl
2 EL Olivenöl
2 Prisen Zucker
2 große Prisen Meersalz
2 EL geröstete Mandelblättchen, zum Garnieren

1. Den Backofen auf 150 °C vorheizen. Stängel und dicke Blattrippen von den Grünkohlblättern entfernen (es sollten etwa 125 g Blätter übrig bleiben). Waschen und sorgfältig mit Küchenpapier trocken tupfen. In mundgerechte Stücke zerzupfen und in eine Schüssel geben. Mit dem Öl beträufeln, mit dem Zucker bestreuen und gut vermengen.

2. Etwa die Hälfte der Blätter in einer Schicht auf ein großes Backblech legen. Mit einer Prise Meersalz bestreuen und auf der unteren Schiene des vorgeheizten Backofens 4 Minuten rösten.

3. Die Blätter wenden und weitere 1–2 Minuten rösten, bis sie knusprig und an den Rändern leicht gebräunt sind. Mit den restlichen Blättern wiederholen. Mit gerösteten Mandelblättchen bestreuen und sofort servieren.

Pro Portion: *122 kcal / 9,6 g Fett / 1,1 g ges. Fettsäuren / 8,1 g Kohlenhydrate / 1,2 g Zucker / 1,7 g Ballaststoffe / 3 g Eiweiß / 0,4 g Salz*

Gefrorene Beeren im Joghurtmantel

Für 4 Personen

Vorbereitung: 20–25 Minuten, plus Gefrieren
Garzeit: keine

225 g fettarmer Naturjoghurt
1 EL flüssiger Honig
1–2 Tropfen Vanillearoma
115 g Blaubeeren
125 g Himbeeren

1. Drei Backbleche mit Backpapier auslegen, zuvor jedoch prüfen, ob sie ins Gefrierfach passen.

2. Joghurt, Honig und Vanillearoma in einer Schüssel verrühren. Einige Blaubeeren in den Joghurt geben, dann mithilfe von zwei Gabeln die Beeren mit einer dünnen Joghurtschicht überziehen. Eine Beere nach der anderen herausnehmen, überschüssigen Joghurt abschütteln und die Beeren auf eines der vorbereiteten Bleche legen.

3. So fortfahren, bis alle Blaubeeren auf dem Blech liegen. Mit den Himbeeren ebenso verfahren und auf zwei Bleche legen. 2–3 Stunden gefrieren, bis alle Beeren fest sind.

4. Die Beeren von den Blechen nehmen und in Gefrierbeutel oder Kunststoffbehälter füllen. Verschließen und bis zu 1 Monat lagern.

5. Jeweils die benötigte Menge aus dem Gefrierbeutel entnehmen. Vor dem Servieren 10 Minuten antauen lassen, damit die Beeren etwas weich werden.

Diese Beeren sind ein vitamin- und kalziumreicher Snack, der jeden Heißhunger auf Süßes im Keim erstickt.

Pro Portion: *81 kcal / 0,3 g Fett / 0 g ges. Fettsäuren / 14,5 g Kohlenhydrate / 10,8 g Zucker / 2,7 g Ballaststoffe / 6,4 g Eiweiß / Spuren von Salz*

Geröstete Kichererbsen mit Würzmischung

Für 4 Personen

Vorbereitung: 15–20 Minuten, plus Auskühlen
Garzeit: 18–24 Minuten

2 EL Olivenöl
1 TL grob zerstoßene Kreuzkümmelsamen
1 TL geräuchertes mildes Paprikapulver
¼ TL gemahlener Piment
¼ TL Zimt
½ TL Meersalz
800 g Kichererbsen aus der Dose, abgespült und abgetropft
2 EL Dattelsirup

1. Den Backofen auf 200 °C vorheizen. Das Öl auf ein tiefes Backblech geben und 3–4 Minuten im Ofen erhitzen.

2. Kreuzkümmelsamen, Paprikapulver, Piment, Zimt und Salz in einer kleinen Schüssel gut vermischen.

3. Die Kichererbsen auf das Backblech geben, mit dem Dattelsirup beträufeln und mit der Gewürzmischung bestreuen. Alles durchmischen und 15–20 Minuten im vorgeheizten Ofen unter einmaligem Rühren rösten, bis die Kichererbsen knusprig und goldbraun sind.

4. Die würzigen Kichererbsen in eine Schüssel füllen und vor dem Servieren abkühlen lassen. Eventuelle Kichererbsenreste in einen Kunststoffbehälter geben und im Kühlschrank lagern.

Die Kichererbsen sind rasch zubereitet und ein perfekter Snack für unterwegs. Mit etwas Tahini beträufelt nehmen sie ein feines Raucharoma an.

Pro Portion: *243 kcal / 9,3 g Fett / 1,2 g ges. Fettsäuren / 29,9 g Kohlenhydrate / 12,3 g Zucker / 7,8 g Ballaststoffe / 8,9 g Eiweiß / 0,8 g Salz*

Energiebällchen mit Datteln

Ergibt 20 Stück

Vorbereitung: 30–35 Minuten
Garzeit: keine

85 g Zartbitterschokolade (70 % Kakaoanteil)
40 g Sonnenblumenkerne
40 g Leinsamen
40 g Sesamsaat
100 g Paranusskerne, grob gehackt
140 g Medjool-Datteln, entsteint
40 g getrocknete Gojibeeren
1 TL Zimt
1 EL Macapulver
40 g Kokosraspel
6 EL Ahornsirup

Wann immer die Energie zu sinken droht, schaffen diese unwiderstehlichen Dattelbällchen Abhilfe – und machen Lust auf mehr. Im Kühlschrank bleiben sie mehrere Tage frisch.

1. 55 g Schokolade in Stücke brechen. Dann zusammen mit Sonnenblumenkernen, Leinsamen, Sesam und Paranüssen im Standmixer fein hacken.

2. Datteln, Gojibeeren, Zimt, Maca, 25 g Kokosraspel und Ahornsirup zugeben und einarbeiten, bis eine grobe Paste entstanden ist.

3. Von der Masse 20 esslöffelgroße Portionen abnehmen und auf einen großen Teller setzen. Dann die Portionen zu Kugeln rollen.

4. Die restliche Schokolade raspeln und auf einen Teller geben. Die restlichen Kokosraspel auf einem zweiten Teller verteilen. Die Hälfte der Kugeln in der Schokolade, die andere Hälfte in den Kokosraspeln wenden. Die Kugeln halten sich in einem luftdicht schließenden Behälter bis zu 3 Tage im Kühlschrank.

Pro Kugel: *253 kcal / 9.4 g Fett / 3.2 g ges. Fettsäuren / 15.7 g Kohlenhydrate / 9.4 g Zucker / 3 g Ballaststoffe / 2.9 g Eiweiß / Spuren von Salz*

Rosmarinpopcorn mit Salz & Sesam

Frischer Rosmarin verleiht diesem sensationellen Power-Popcorn eine feine Kräuternote. Am besten schmeckt es frisch aus der Pfanne – immer wenn der kleine Hunger auf etwas Herzhaftes kommt.

Für 4 Personen

Vorbereitung: 10–15 Minuten
Garzeit: 6–8 Minuten

40 g Sesamsaat
2 EL Olivenöl
2 frische Zweige Rosmarin, zerkleinert
200 g Popcorn-Mais
1 TL Meersalz
2 EL Balsamico-Essig

1. Sesamsaat und 1 Teelöffel Öl in eine große Pfanne geben und bei mittlerer Hitze 2–3 Minuten rösten. Dabei die Pfanne gelegentlich rütteln, bis die Körner goldbraun sind und zu platzen beginnen. In eine Schüssel geben und die Pfanne mit Küchenpapier auswischen.

2. Restliches Öl und Rosmarin in die Pfanne geben und sanft erhitzen, dabei die Pfanne schwenken, damit die Rosmarinaromen vom Öl aufgenommen werden. Den Mais zugeben, abdecken und bei mittlerer Hitze 3–4 Minuten unter Schwenken garen, bis die Maiskörner geplatzt sind und das Popcorn fertig ist.

3. Vom Herd nehmen und mit dem gerösteten Sesam bestreuen. In eine Schüssel geben und mit Salz und Essig abschmecken. Vor dem Servieren den Rosmarin entfernen.

Pro Portion: *379 kcal / 25.2 g Fett / 3.2 g ges. Fettsäuren / 30 g Kohlenhydrate / 1.6 g Zucker / 6.6 g Ballaststoffe / 6.4 g Eiweiß / 1.5 g Salz*

Kürbisspalten mit Salbei & Kürbiskernen

Für 3 Personen

Vorbereitung: 20 Minuten
Garzeit: 35 Minuten

1 großer Butternusskürbis
1 EL Olivenöl
½ TL Cayennepfeffer
12 frische Salbeiblätter, fein gehackt
50 g Kürbiskerne
Salz und Pfeffer

1. Den Backofen auf 200 °C vorheizen. Den Kürbis sehr gründlich waschen und die Spitze oben sowie am Boden unten eine schmale Scheibe abschneiden.

2. Den Kürbis mit einem scharfen Messer in sechs Spalten schneiden. Die Kerne herauskratzen und wegwerfen. Die Kürbisspalten auf ein Backblech legen. Mit der Hälfte des Olivenöls bestreichen und mit dem Cayennepfeffer bestreuen. Im vorgeheizten Ofen 25 Minuten backen.

3. Die Kürbisspalten aus dem Ofen nehmen und mit dem restlichen Olivenöl bestreichen. Mit Salbei und Kürbiskernen bestreuen. Nach Geschmack salzen und pfeffern und die Kürbisspalten weitere 10 Minuten backen. Danach, falls gewünscht, mit etwas schwarzem Pfeffer bestreuen und sofort servieren.

Eine einfache kleine Mahlzeit wird aus den Kürbisspalten, wenn sie in Würfel geschnitten und mit Couscous serviert werden. Die essbare Schale des Butternusskürbisses kann mit verarbeitet werden - wer das nicht mag, kann ihn aber auch schälen.

Pro Portion: *259 kcal / 13,3 g Fett / 2,1 g ges. Fettsäuren / 33,9 g Kohlenhydrate / 6,1 g Zucker / 7,2 g Ballaststoffe / 7,8 g Eiweiß / Spuren von Salz*

Würziges Karottenpüree

Für 4 Personen

Vorbereitung: 20 Minuten, plus Auskühlen
Garzeit: 30–35 Minuten

1,25 kg Karotten, längs halbiert
1 kleine Knoblauchknolle, in Zehen zerteilt und geschält
1 TL gemahlene Kurkuma
1 TL gemahlener Koriander
1 TL gemahlener Kreuzkümmel
2 EL Olivenöl
Salz und Pfeffer
2 TL Schwarzkümmel, zum Garnieren
1 EL frisch gehackte glatte Petersilie, zum Garnieren (nach Belieben)

1. Den Backofen auf 200 °C vorheizen.

2. Karotten, Knoblauchzehen, Kurkuma, Koriander und Kreuzkümmel in einen großen Bräter geben. Mit dem Olivenöl beträufeln und vermengen, bis die Karotten gut mit Öl überzogen sind. Nach Geschmack salzen und pfeffern.

3. Im vorgeheizten Ofen 30–35 Minuten backen, bis die Karotten weich sind. Nach etwa 15 Minuten Backzeit die Karotten einmal wenden.

4. Aus dem Ofen nehmen und kurz abkühlen lassen. Die Karotten kräftig zu einem groben Brei zerdrücken. Falls nötig, etwas heißes Wasser zugießen. Nach Geschmack nachwürzen.

5. Mit Schwarzkümmel und, falls gewünscht, Petersilie garnieren und sofort in einer vorgewärmten Schale servieren.

Ein vielseitiges Gericht, das gut zu Braten, Quiche oder Salat passt. Für dieses Rezept eignen sich auch andere Gemüsesorten wie beispielsweise Steckrüben, Süßkartoffeln oder Pastinaken.

Pro Portion: *205 kcal / 7,8 g Fett / 1 g ges. Fettsäuren / 33,3 g Kohlenhydrate / 14,9 g Zucker / 9,3 g Ballaststoffe / 3,6 g Eiweiß / 0,5 g Salz*

Gebackene Süßkartoffel-Falafeln

Diese Süßkartoffel-Falafeln im Sesammantel werden im Backofen geröstet, nicht frittiert. So bleibt ihr Fettgehalt gering, und aus dem Ofen kommen klasse vegetarische Energiespender. Die Falafeln sind heiß oder kalt ein Genuss.

Ergibt 16 Stück

Vorbereitung: 30–35 Minuten, plus Kühlen
Garzeit: 35–40 Minuten

2 Süßkartoffeln (etwa 550 g), gewürfelt
3 TL gemahlener Kreuzkümmel
1 TL gemahlener Koriander
1 TL gemahlene Kurkuma
3 EL Olivenöl, zum Backen und Beträufeln
400 g Kichererbsen aus der Dose, abgespült und abgetropft
75 g Kichererbsenmehl
25 g frische glatte Petersilie, Blätter abgezupft
25 g frischer Koriander, Blätter abgezupft
1 TL Salz
100 g Sesamsaat
100 g Naturjoghurt, zum Servieren

1. Den Backofen auf 200 °C vorheizen. Die Süßkartoffelwürfel auf ein Backblech geben. Mit 2 Teelöffeln gemahlenem Kreuzkümmel sowie Koriander und Kurkuma bestreuen. Mit 1 Esslöffel Olivenöl beträufeln und gut vermengen, bis die Süßkartoffelwürfel mit Gewürzpaste überzogen sind. Die Würfel gleichmäßig auf dem Blech verteilen und im vorgeheizten Ofen 20 Minuten backen.

2. Die Süßkartoffelwürfel aus dem Ofen nehmen und in die Küchenmaschine geben. Kichererbsen, Kichererbsenmehl, Petersilie, Koriander, Salz und den restlichen Kreuzkümmel zugeben. Auf höchster Stufe zu einer groben Masse zerkleinern – die Mischung sollte nicht zu lange verarbeitet werden, damit sie nicht zu glatt wird. 15–20 Minuten im Kühlschrank kalt stellen.

Pro Falafel: *132 kcal / 6.6 g Fett / 1 g ges. Fettsäuren / 14.8 g Kohlenhydrate / 3 g Zucker / 3.4 g Ballaststoffe / 3.8 g Eiweiß / 0.4 g Salz*

3. Den Backofen wieder auf 180 °C erhitzen. Die gekühlte Teigmischung zu 16 etwa golfballgroßen Klößchen formen. Jedes Klößchen im Sesam wälzen, 1 Esslöffel Olivenöl darüberträufeln und 15–20 Minuten backen. Nach der Hälfte der Backzeit die Falafeln einmal wenden und weiterbacken, bis der Sesam goldbraun ist.

4. Die heißen Falafeln mit dem restlichen Olivenöl beträufeln und mit Joghurt servieren. Entweder sofort servieren oder gekühlt innerhalb von 24 Stunden genießen.

Rotkohlsalat mit Cranberrys

Rasch und einfach zubereitet bietet dieser farbenfrohe Salat eine erfrischende Kombination aus Obst und Gemüse. Gehackte Walnüsse und Chiasamen machen die nährstoffreiche vegane Beilage perfekt.

Für 4 Personen

Vorbereitung: 20 Minuten, plus Kühlen (nach Belieben)
Garzeit: 2–3 Minuten

150 g Rotkohl, fein gehobelt
1 Karotte, grob geraspelt
140 g Blumenkohl, in kleine Röschen zerteilt
1 roter Tafelapfel, geviertelt, entkernt und in sehr feine Spalten geschnitten
40 g getrocknete Cranberrys
50 g Alfalfa- und Rettichsprossen gemischt

Dressing

50 g Walnusskerne, gehackt
Saft von 1 Orange
4 EL natives Olivenöl extra
2 EL Chiasamen
Salz und Pfeffer

1. Rotkohl, Karotte und Blumenkohl in einer Salatschüssel mit Apfel, Cranberrys und Sprossen vermengen.

2. Für das Dressing die Walnüsse in einer großen Pfanne 2–3 Minuten trocken rösten, bis sie zu bräunen beginnen.

3. Orangensaft, Öl und Chiasamen in eine Schale geben. Mit Salz und Pfeffer würzen und die warmen Walnüsse unterrühren. Das Dressing über den Salat geben und unterheben. Sofort servieren oder bis zum Servieren abgedeckt im Kühlschrank aufbewahren.

Pro Portion: *315 kcal / 23.6 g Fett / 2.8 g ges. Fettsäuren / 25.7 g Kohlenhydrate / 15.3 g Zucker / 6.4 g Ballaststoffe / 4.8 g Eiweiß / 0.1 g Salz*

Blumenkohlpfanne mit Nüssen

Roher Blumenkohl wird in der Küchenmaschine zu reiskorngroßen Stückchen zerkleinert und dann mit Sellerie und Knoblauch gebraten. Mit Basilikum, Brunnenkresse und Haselnüssen ist diese Beilage aufregend anders.

Für 4 Personen

Vorbereitung: 20–25 Minuten, plus Kühlen
Garzeit: 15–20 Minuten

70 g Haselnusskerne, grob gehackt
500 g Blumenkohl
1 EL Olivenöl
2 Selleriestangen, grob gehackt
3 Knoblauchzehen, grob gehackt
30 g frisches Basilikum, grob gehackt
Schale und Saft von 1 Zitrone
70 g Brunnenkresse, gehackt
Salz und Pfeffer

1. Die Haselnüsse in eine große trockene Pfanne geben. Auf mittlerer Stufe rösten, bis sie goldbraun sind. Dann die Nüsse aus der Pfanne nehmen und beiseitestellen.

2. Die Blumenkohlröschen vom Strunk trennen und in der Küchenmaschine mit der Pulse-Funktion bis auf Reiskorngröße zerkleinern. In eine Schüssel geben und beiseitestellen.

3. Das Olivenöl in einer großen Pfanne auf mittlerer Stufe erhitzen und Sellerie und Knoblauch darin 5–6 Minuten dünsten, bis sie weich sind.

4. Den zerkleinerten Blumenkohl in die Pfanne geben und alles verrühren. Unter gelegentlichem Rühren 8–10 Minuten braten. Vom Herd nehmen und einige Minuten abkühlen lassen. Dann Basilikum, Zitronenschale und -saft, Haselnüsse und Brunnenkresse zugeben. Nach Geschmack salzen und pfeffern und sofort servieren.

Pro Portion: *182 kcal / 14.4 g Fett / 1.3 g ges. Fettsäuren / 11.4 g Kohlenhydrate / 3.7 g Zucker / 4.7 g Ballaststoffe / 5.7 g Eiweiß / 0.1 g Salz*

Reisnudeln mit Tomaten & Minze

Für 4 Personen

Vorbereitung: 20 Minuten
Garzeit: 20 Minuten

350 g griechische Reisnudeln (Orzo)
125 g Crème fraîche
150 g Babyspinat, gewaschen und abgetropft
25 g frische Minze, grob gehackt, plus 1 EL frisch gehackte Minze, zum Garnieren
300 g Cocktailtomaten, klein geschnitten
Salz und Pfeffer

Orzo-Nudeln, die wir aus der griechischen Gastronomie als Reisnudeln kennen, bilden die Grundlage dieses delikaten Salats mit Spinat und Cocktailtomaten. Ein rundum erfrischendes Beilagengericht ohne Fleisch.

1. Wasser in einem großen Topf aufkochen und die Reisnudeln hineingeben. Zunächst kräftig rühren, damit die Nudeln nicht zusammenkleben, später beim Garen gelegentlich umrühren. Die Reisnudeln auf mittlerer Stufe 8 Minuten köcheln lassen, bis sie al dente sind. 100 ml Kochsud aus dem Topf schöpfen und beiseitestellen.

2. Die Reisnudeln abgießen und mit dem aufbewahrten Kochsud wieder in den Topf geben. Auf niedriger Stufe erwärmen und Crème fraîche und Spinat zugeben. Weiterrühren, bis der Spinat zusammenfällt und die Reisnudeln mit Crème fraîche überzogen sind. Vom Herd nehmen.

3. Minze und Cocktailtomaten unterheben. Nach Geschmack salzen und pfeffern.

4. Mit 1 Esslöffel gehackter Minze garnieren und sofort servieren.

Pro Portion: *443 kcal / 11.4 g Fett / 7.1 g ges. Fettsäuren / 70.9 g Kohlenhydrate / 5.1 g Zucker / 5 g Ballaststoffe / 14 g Eiweiß / 0.1 g Salz*

Brokkoli mit Pinienkernen

Für 4 Personen

Vorbereitung: 25 Minuten
Garzeit: 20–25 Minuten

700 g violetter Brokkoli
3 EL natives Olivenöl extra
3 Schalotten, in dünne Ringe geschnitten
2 große Knoblauchzehen, in dünne Scheiben geschnitten
1 Prise rote Chiliflocken
3 EL Pinienkerne, geröstet
55 g Butter
2 EL Kapern, abgetropft
4 EL frische Schnittlauchröllchen
25 g Parmesan, frisch gehobelt
Salz und Pfeffer

Als wohlbekanntes Superfood verleiht Brokkoli in seiner violetten Variante dieser glutenfreien Beilage eine ungewöhnlich intensive Färbung. Die gerösteten Pinienkerne steuern gesunde ungesättigte Fettsäuren und einen zartknusprigen Biss bei.

1. Die Brokkoliröschen vom Strunk trennen und längs halbieren. Röschen und Strunk in 2 cm große Stücke schneiden. Alles in den Einsatz eines Dämpftopfs geben und 2 Minuten über kochendem Wasser dämpfen, bis die Stücke nicht mehr so hart sind. Dann vom Herd nehmen. Den Kochsud aufbewahren.

2. Das Öl in einer großen Pfanne auf mittlerer bis niedriger Stufe erhitzen. Die Schalotten hineingeben und 5 Minuten dünsten.

3. Den Knoblauch zugeben und 2–3 Minuten mitdünsten.

4. Die Hitze auf mittlere Stufe erhöhen und den Brokkoli in die Pfanne geben. Die Chiliflocken einstreuen und alles nach Geschmack salzen und pfeffern. 3–4 Esslöffel vom Brokkoli-Kochsud zugeben. 4–6 Minuten pfannenrühren, bis der Brokkoli bissfest und noch kräftig in der Farbe ist.

5. Die Pinienkerne einrühren und alles abschmecken. In eine Servierschüssel geben und warm stellen.

6. Einen Schmortopf auf hoher Stufe erhitzen. Dann die Butter hineingeben und zerlassen, bis sie goldgelb ist und schäumt.

7. Vom Herd nehmen und Kapern sowie die Hälfte des Schnittlauchs einrühren.

8. Die Kapernsauce über den Brokkoli gießen. Mit Parmesanspänen und restlichem Schnittlauch garniert servieren.

Pro Portion: *331 kcal / 28 g Fett / 9,9 g ges. Fettsäuren / 16,1 g Kohlenhydrate / 3,8 g Zucker / 5,3 g Ballaststoffe / 8,8 g Eiweiß / 1 g Salz*

Naturreis mit Pistazien & Kirschen

Für 4 Personen

Vorbereitung: 20 Minuten, plus Auskühlen
Garzeit: 30–35 Minuten

400 g Naturreis
1 l Gemüsebrühe
100 g getrocknete Kirschen
1 kleine rote Zwiebel, fein gehackt
2 Knoblauchzehen, zerdrückt
4 EL frisch gehackte Petersilie
2 EL Olivenöl
100 g Pistazien, gehackt
Salz und Pfeffer
2 EL frisch gehackte Petersilie, zum Garnieren

Ballaststoffreicher brauner Naturreis wird mit süßen Kirschen, roten Zwiebeln und frischer Petersilie verfeinert. Gehackte Pistazien vervollständigen die energiespendende kleine Mahlzeit, die Vegetarier und Veganer gleichermaßen genießen können.

1. Den Reis in einen großen Topf geben und mit der Gemüsebrühe übergießen. Auf hoher Stufe aufkochen, dann 25 Minuten bei niedriger Hitze köcheln lassen, bis der Reis gar ist und fast die gesamte Brühe aufgenommen hat. Falls nötig, einige Minuten weiterköcheln lassen.

2. Den gekochten Reis in eine große Schüssel geben und getrocknete Kirschen, rote Zwiebel und Knoblauch einrühren. Nach Geschmack salzen und pfeffern.

3. Die Reismischung kurz abkühlen lassen, dann gehackte Petersilie, Olivenöl und die Hälfte der Pistazien zugeben. Alles gut verrühren.

4. Den warmen Reis in eine Servierschale umfüllen und mit restlichen gehackten Pistazien und gehackter Petersilie anrichten. Sofort servieren.

Pro Portion: *684 kcal / 22.9 g Fett / 3.9 g ges. Fettsäuren / 108.1 g Kohlenhydrate / 17.6 g Zucker / 7.7 g Ballaststoffe / 14.8 g Eiweiß / 2.4 g Salz*

Gedämpftes Gemüse mit Zitrone & Koriander

Für 4 Personen

Vorbereitung: 15 Minuten
Garzeit: 6 Minuten

1 Spitzkohl (etwa 450 g), harte äußere Blätter entfernt
200 g Babyspinat, gewaschen und abgetropft
1 EL Butter
fein abgeriebene Schale von ½ Zitrone
4 EL frisch gehackter Koriander
Salz und Pfeffer

Diese ebenso leichte wie nährstoffreiche Gemüsemischung mit erfrischender Zitrone ist ganz schnell auf den Tisch gezaubert.

1. Den Spitzkohl der Länge nach vierteln und den harten Strunkansatz entfernen. Die Viertel quer in 2 cm breite Streifen schneiden. 3 Minuten dämpfen, bis er weich wird.

2. Den Spinat auf den Spitzkohl geben und weitere 3 Minuten dämpfen. Das Gemüse in ein Sieb geben und abtropfen lassen.

3. Spitzkohl und Spinat in eine vorgewärmte Servierschüssel füllen. Butter, abgeriebene Zitronenschale und Koriander untermengen.

4. Mit Salz und Pfeffer würzen und sofort servieren.

Pro Portion: *63 kcal / 3,4 g Fett / 2 g ges. Fettsäuren / 7,4 g Kohlenhydrate / 4,2 g Zucker / 3,5 g Ballaststoffe / 2,7 g Eiweiß / 0,1 g Salz*

Dressings, Saucen & Dips

Ingwer-Soja-Dressing

Frischer Ingwer ist für seine entzündungshemmende Wirkung bekannt. Hier verleiht er dem asiatischen Dressing eine pikant-aromatische Schärfe. Wer sich glutenfrei ernährt, verwendet Tamarindenpaste oder glutenfreie Sojasauce.

Ergibt 150 ml

Vorbereitung: 10 Minuten, plus Kühlen
Garzeit: keine

6-cm-Stück frische Ingwerwurzel
2 Knoblauchzehen, zerdrückt
2 EL Reisweinessig
2 EL dunkle Sojasauce
1 TL Zucker
3 EL Olivenöl
2 EL Wasser

1. Den Ingwer in ein breites Schraubglas reiben. Knoblauch, Reisweinessig, Sojasauce, Zucker, Olivenöl und Wasser zugeben, den Deckel aufsetzen und schütteln, bis alles gut vermengt ist.

2. Das Dressing bis zur Verwendung im Kühlschrank aufbewahren. Dieses Dressing schmeckt nach einer gewissen Ruhezeit noch besser. Ideal ist, wenn es am Vortag zubereitet wird. Es passt sehr gut zu chinesischem Glasnudelsalat oder Chinakohlstreifen.

Pro 150 ml: *400 kcal / 40.5 g Fett / 5.6 g ges. Fettsäuren / 8.6 g Kohlenhydrate / 4.8 g Zucker / 0.4 g Ballaststoffe / 2.4 g Eiweiß / 4.5 g Salz*

Tahini-Zitronen-Dressing

In der Sesampaste Tahini stecken lauter gute Dinge, unter anderem essenzielle ungesättigte Fettsäuren und Ballaststoffe. Mit frisch gepresstem Zitronensaft und einem Hauch Paprika und Knoblauch wird daraus ein aromatisches Salatdressing.

Ergibt 300 ml

Vorbereitung: 10 Minuten
Garzeit: keine

100 g Tahini (Sesampaste)
Saft von 3 Zitronen (etwa 150 ml)
4 EL Wasser
¼ TL Paprikapulver edelsüß
1 Knoblauchzehe, zerdrückt
1 Prise Salz

1. Alle Zutaten in der Küchenmaschine oder im Standmixer zu einer cremigen Flüssigkeit verarbeiten. Nach Geschmack mehr Paprika zugeben.

2. Bei Zubereitung von Hand alle Zutaten in eine Schüssel geben und kräftig verquirlen. Das Dressing soll glatt und dickflüssig werden. Bei Bedarf etwas mehr Wasser zugeben.

3. Sofort servieren oder in ein Schraubglas gießen und luftdicht verschlossen im Kühlschrank aufbewahren. Gekühlt hält sich das Dressing bis zu 3 Tage. Es passt gut zu griechischen Salaten.

Pro 300 ml: *634 kcal / 54.3 g Fett / 7.6 g ges. Fettsäuren / 32.8 g Kohlenhydrate / 4.4 g Zucker / 10 g Ballaststoffe / 17.8 g Eiweiß / 1.8 g Salz*

Avocado-Zitronen-Dressing

Ergibt 300 ml

Vorbereitung: 15 Minuten

Garzeit: keine

1 vollreife Avocado, grob gehackt

Saft von 1 großen Zitrone

1 kleine Knoblauchzehe

½ TL Paprikapulver edelsüß

75–100 ml kaltes Wasser

1. Avocado, Zitronensaft, Knoblauch und Paprika in die Küchenmaschine oder den Standmixer geben. Auf höchster Stufe kurz zu einer homogenen Mischung verarbeiten.

2. Portionsweise das Wasser zugießen, bis die gewünschte Konsistenz erreicht ist. Das Dressing in ein Schraubglas füllen und nach Bedarf verwenden.

3. Dieses Dressing lässt sich gut 3–4 Stunden im Voraus zubereiten. Es kann sofort serviert oder luftdicht verschlossen bis zu 1 Tag im Kühlschrank aufbewahrt werden. Das Dressing passt gut zu allen Salaten und eignet sich ohne Wasser auch als Dip für Rohkost.

Aus dieser aparten Geschmackskombination lässt sich auch ein exotischer Dip für Gemüsesticks oder Chips aus Wurzelgemüse zubereiten. Dafür einfach das Wasser weglassen.

Pro 300 ml: *342 kcal / 29,8 g Fett / 4,3 g ges. Fettsäuren / 22,5 g Kohlenhydrate / 3 g Zucker / 14,1 g Ballaststoffe / 4,5 g Eiweiß / Spuren von Salz*

Knoblauch-Chili-Öl

Ergibt ca. 225 ml

Vorbereitung: 15 Minuten, plus Kühlen
Garzeit: 1½–2 Stunden

5 Knoblauchzehen, längs halbiert
2 EL entkernte und gehackte Jalapeño-Chili
1 TL getrockneter Oregano
225 ml Rapsöl

1. Den Backofen auf 150 °C vorheizen. Knoblauch, Chili und Oregano in einem ofenfesten Messbecher mit dem Öl verrühren.

2. Auf einen ofenfesten Teller oder in einer Auflaufform in die Mitte des vorgeheizten Ofens stellen und 1½–2 Stunden erhitzen. Das Öl sollte dabei eine Temperatur von 120 °C erreichen.

3. Mit dicken Ofenhandschuhen vorsichtig aus dem Ofen nehmen, abkühlen lassen und durch ein Musselintuch in ein sauberes Glas abseihen.

4. Das Öl kann in einem luftdichten Behälter bis zu 1 Monat im Kühlschrank aufbewahrt werden. Sie können die Knoblauch- und Chilistückchen auch zunächst im Öl lassen und das Öl erst vor Gebrauch abseihen.

Beim Erhitzen des Öls in Schritt 2 ist besondere Vorsicht geboten.

Pro 225 ml: *1989 kcal / 225 g Fett / 16.6 g ges. Fettsäuren / 0 g Kohlenhydrate / 0 g Zucker / 0 g Ballaststoffe / 0 g Eiweiß / Spuren von Salz*

Limetten-Miso-Dressing

Ergibt 150 ml
Vorbereitung: 10 Minuten, plus Kühlen
Garzeit: keine

1 EL Fischsauce
1 EL Reisweinessig
1 EL Miso
abgeriebene Schale und Saft von 2 Limetten
2 EL Sesamöl
2 TL Sesamsaat
Salz und Pfeffer

1. Fischsauce, Reisweinessig, Miso, Limettenschale und -saft sowie Sesamöl in ein Schraubglas geben. Dann nach Geschmack salzen und pfeffern.

2. Den Deckel aufsetzen und das Dressing durch kräftiges Schütteln gründlich vermengen. Anschließend die Sesamsaat zugeben.

3. Bis zur Verwendung im Kühlschrank aufbewahren. Das Dressing schmeckt zu allen Salaten.

Dieses Dressing können Sie auch als Dip für Sushi oder Dim Sum servieren.

Pro 150 ml: 356 kcal / 31.5 g Fett / 4.5 g ges. Fettsäuren / 15.9 g Kohlenhydrate / 3.7 g Zucker / 2.6 g Ballaststoffe / 5 g Eiweiß / 5.8 g Salz

Wasabi-Soja-Dressing

Ergibt 90 ml

Vorbereitung: 10 Minuten
Garzeit: keine

3 EL Erdnussöl
Saft von ½ Limette
1 TL Wasabipaste
1 EL Sojasauce
1 TL Sesamöl
½ TL brauner Zucker
1 EL Reisweinessig

1. Alle Zutaten in eine kleine Schüssel geben. Die Mischung mit einer Gabel verrühren, bis der Zucker vollständig aufgelöst ist.

2. Das Dressing über den Salat träufeln und sofort servieren. Dieses Dressing passt besonders gut zu einfachen Salaten, die ein wenig Pep gebrauchen können.

Noch pikanter wird das Dressing mit der abgeriebenen Schale von 1 Zitrone.

Pro 90 ml: 437 kcal / 45 g Fett / 7.4 g ges. Fettsäuren / 8.4 g Kohlenhydrate / 4 g Zucker / 0,2 g Ballaststoffe / 1.1 g Eiweiß / 2.6 g Salz

Kapern-Oregano-Dressing

Natives Olivenöl extra ist von Natur aus reich an einfach ungesättigten Fettsäuren und enthält kaum gesättigte Fette. Es ist das perfekte Öl für diese Kräutervinaigrette. Kapern sorgen für einen noch aufregenderen Geschmack.

Ergibt 125 ml

Vorbereitung: 15 Minuten
Garzeit: keine

Saft von 2 Zitronen
1 EL fein gehackte Kapern
2 EL frisch gehackter Oregano
2 Knoblauchzehen, zerdrückt
4 EL natives Olivenöl extra
1 Prise brauner Zucker
Salz und Pfeffer

1. Den Zitronensaft in ein Schraubglas gießen und Kapern, Oregano, Knoblauch, Olivenöl und Zucker einrühren. Den Deckel aufsetzen und gut schütteln. Dann nach Geschmack mit Salz und Pfeffer würzen.

2. Sofort servieren oder luftdicht verschlossen bis zu 1 Monat im Kühlschrank aufbewahren. Das Dressing schmeckt zu jedem Salat, auch über Mozzarella geträufelt als Caprese.

Pro 125 ml: *519 kcal / 54.4 g Fett / 7.5 g ges. Fettsäuren / 11.6 g Kohlenhydrate / 3.8 g Zucker / 1.5 g Ballaststoffe / 1.1 g Eiweiß / 0.6 g Salz*

Joghurt-Knoblauch-Dressing

Magerjoghurt und etwas Halbfettmayonnaise sind die gesündere Alternative zur klassischen Salatmayonnaise. Sardellen, Knoblauch und Petersilie ergeben hier den typischen Geschmack eines Cäsar-Salatdressings – mit deutlich weniger Kalorien.

Ergibt 125 ml
Vorbereitung: 15 Minuten
Garzeit: keine

100 g Naturjoghurt (0,1 % Fett)
3 Sardellenfilets, grob gehackt
2 Knoblauchzehen, zerdrückt
abgeriebene Schale und Saft von ½ Zitrone
25 g grob gehackte, frische glatte Petersilie
1 EL Halbfettmayonnaise

1. Alle Zutaten außer der Mayonnaise in eine hohe Schüssel geben und mit einem Stabmixer verquirlen, bis Petersilie und Sardellen vollständig zerkleinert sind. Durch die Petersilie nimmt das Dressing eine satte grüne Farbe an.

2. Die Mayonnaise einarbeiten und sofort servieren. Das Dressing passt gut zu grünen Salaten mit Geflügel wie dem Caesar Salad. Luftdicht verschlossen kann es im Kühlschrank bis zu 4 Tage aufbewahrt werden.

Pro 125 ml: *147 kcal / 5,3 g Fett / 0,7 g ges. Fettsäuren / 10,6 g Kohlenhydrate / 5 g Zucker / 1,2 g Ballaststoffe / 15 g Eiweiß / 1,5 g Salz*

Tomatensauce für Pasta

Ergibt 750 ml

Vorbereitung: 20 Minuten, plus Kühlen
Garzeit: 1 Stunde 40 Minuten

50 ml Olivenöl
1 Zwiebel, gehackt
5 Knoblauchzehen, in feine Scheiben geschnitten
2 EL grob gehackte, frische glatte Petersilie
2 EL grob gehacktes, frisches Basilikum
1,5 kg Tomaten, Stielansatz entfernt und grob gehackt
1 TL brauner Zucker
1 EL Rotweinessig
Salz und Pfeffer

1. Das Olivenöl in einem Schmortopf auf mittlerer Stufe erhitzen. Die Zwiebelstücke hineingeben und dünsten, bis sie weich und goldbraun sind.

2. Knoblauch und Kräuter zugeben und 30 Sekunden andünsten, dann erst die Tomaten samt Kernen dazugeben. Zucker und Essig einrühren. Nach Geschmack salzen und pfeffern und die Hitze auf niedrige Stufe reduzieren. Die Sauce ohne Deckel 1½ Stunden köcheln lassen, bis die Tomatenstücke zerfallen und die Sauce eingedickt ist. Während des Köchelns gelegentlich umrühren, damit die Sauce nicht anbrennt. Zum Schluss noch einmal mit Salz und Pfeffer abschmecken.

3. Die Sauce kurz abkühlen lassen und zu Spaghetti oder anderer Pasta servieren. Wer die Sauce samtglatt bevorzugt, kann sie in der Küchenmaschine oder mit dem Stabmixer pürieren.

Diese Tomatensauce hält sich im Tiefkühlfach bis zu 3 Monate.

Pro 750 ml: *805 kcal / 53,3 g Fett / 7,3 g ges. Fettsäuren / 79,2 g Kohlenhydrate / 49,3 g Zucker / 20,6 g Ballaststoffe / 15,7 g Eiweiß / 0,2 g Salz*

Avocado-Cashew-Sauce für Pasta

Ergibt 400 ml

Vorbereitung: 20 Minuten
Garzeit: 3–4 Minuten

100 g Cashewkerne
2 Knoblauchzehen, gehackt
30 g frische Minze, Blätter abgezupft
2 vollreife Avocados, grob gehackt
50 g Parmesan, fein gerieben
2 El Olivenöl
Saft von 1 Limette
1–2 El Wasser

1. Die Cashewkerne in einer trockenen Pfanne 3–4 Minuten auf hoher Stufe rösten. Dabei die Pfanne schwenken, damit nichts anbrennt.

2. Cashewkerne und Knoblauchzehen in die Küchenmaschine geben und mit der Pulse-Funktion fein hacken. Minze, Avocados und Parmesan zugeben. Kurz zerkleinern und bei laufendem Gerät Olivenöl und Limettensaft langsam zugießen. So viel Wasser einrühren, bis eine dickflüssige Sauce entsteht.

3. Sofort zu Pasta servieren oder luftdicht verschlossen im Kühlschrank aufbewahren. Die Sauce hält sich gekühlt bis zu 2 Tage.

Dieses Rezept funktioniert nur mit vollreifen Avocados. Harte Avocados reifen nach, wenn sie einige Zeit zusammen mit einer Banane oder einem Apfel in einer Papiertüte liegen.

Pro 400 ml: *1666 kcal / 142.9 g Fett / 28.4 g ges. Fettsäuren / 74.1 g Kohlenhydrate / 9.8 g Zucker / 32.6 g Ballaststoffe / 45.7 g Eiweiß / 2 g Salz*

Rote-Bete-Pesto mit Haselnüssen

Für 8 Personen

Vorbereitung: 20–25 Minuten, plus Auskühlen
Garzeit: 1 Stunde

250 g rohe Rote Bete
100 ml natives Olivenöl extra
115 g geröstete Haselnusskerne
2 Knoblauchzehen
115 g Parmesan, frisch gerieben
Salz und Pfeffer

1. Den Backofen auf 180 °C vorheizen.

2. Die Rote Bete ungeschält mit etwas Salz und Pfeffer würzen, dann mit etwas Olivenöl beträufeln. Die Bete in Alufolie einschlagen und 1 Stunde im vorgeheizten Ofen garen. Wenn sich ein kleines Messer problemlos hineinstechen lässt, ist die Bete gar.

3. Aus dem Backofen nehmen und abkühlen lassen. Dann die Schale abziehen und wegwerfen.

4. Haselnüsse und Knoblauch in der Küchenmaschine 30 Sekunden zerkleinern.

5. Rote Bete sowie Salz und Pfeffer nach Geschmack hinzufügen und weiterverarbeiten. Dann nach und nach das restliche Olivenöl einarbeiten, bis eine homogene Masse entsteht.

6. Den Rote-Bete-Pesto in eine Schüssel geben und den Parmesan unterrühren.

7. Dieser Pesto passt sehr gut als Dip zu Gemüsestiften oder als Sauce zu Pasta.

Dieser Pesto ist eine großartige Alternative zum grünen Basilikum-Pesto. Rote Bete und Nüsse liefern wertvolle Nährstoffe.

Pro Portion: 274 kcal / 25,2 g Fett / 4,7 g ges. Fettsäuren / 6,2 g Kohlenhydrate / 2,9 g Zucker / 2,2 g Ballaststoffe / 7,8 g Eiweiß / 0,6 g Salz

Rote-Bete-Zaziki-Schiffchen

Für 4 Personen

Vorbereitung: 20 Minuten
Garzeit: keine

115 g gegarte Rote Bete, gewürfelt
150 g Salatgurke, gewürfelt
40 g Radieschen, gewürfelt
1 Frühlingszwiebel, fein gehackt
12 kleine feste Romana-Salatherzblätter

Dressing

150 g fettarmer Naturjoghurt (1,8 % Fett)
¼ TL gemahlener Kreuzkümmel
½ TL flüssiger Honig
2 EL fein gehackte frische Minze
Salz und Pfeffer

1. Für das Dressing Joghurt, Kreuzkümmel, Honig und Minze in einer Schüssel verrühren. Mit Salz und Pfeffer abschmecken.

2. Rote Bete, Gurke, Radieschen und Frühlingszwiebel unterheben.

3. Die Salatblätter auf eine Servierplatte setzen und mit der Rote-Bete-Mischung füllen. Sofort servieren.

Die Schiffchen eignen sich hervorragend als Kanapee oder als kleiner Snack unter Freunden.

Pro Portion: 51 kcal / 0,2 g Fett / 0 g ges. Fettsäuren / 8,2 g Kohlenhydrate / 5,7 g Zucker / 1,8 g Ballaststoffe / 5,1 g Eiweiß / 0,1 g Salz

Guacamole

Das cremige Fruchtfleisch der Avocado macht diesen beliebten Dip zu einem höchst gesundheitsförderlichen Lieferanten von ungehärteten Fettsäuren und Vitamin C – gut gegen Herzkrankheiten.

Für 4 Personen

Vorbereitung: 15 Minuten
Garzeit: keine

2 große Avocados, gewürfelt
Saft von 2 Limetten
2 Knoblauchzehen, zerdrückt
1 TL mildes Chilipulver, plus etwas mehr zum Garnieren
Salz und Pfeffer

1. Avocado, Limettensaft, Knoblauch und Chili im Standmixer glatt pürieren. Mit Salz und Pfeffer abschmecken.

2. In eine Servierschale füllen. Mit etwas Chilipulver bestäuben und sofort servieren.

Pro Portion: 212 kcal / 18.5 g Fett / 2.7 g ges. Fettsäuren / 13.8 g Kohlenhydrate / 1.3 g Zucker / 9 g Ballaststoffe / 2.9 g Eiweiß / 0.1 g Salz

Baba Ghanoush

Für 6 Personen

Vorbereitung: 20 Minuten, plus Kühlen
Garzeit: 1 Stunde

2 große Auberginen
1 Knoblauchzehe, gehackt
2 TL gemahlener Kreuzkümmel
4 EL Tahini (Sesampaste)
2 EL Zitronensaft
4 EL Naturjoghurt
2 EL frisch gehackter Koriander, plus etwas mehr zum Garnieren

1. Den Backofen auf 220 °C vorheizen. Die Auberginen rundum mit einer Gabel einstechen, auf ein Backblech legen und im vorgeheizten Ofen etwa 1 Stunde backen, bis sie sehr weich sind. Aus dem Ofen nehmen und abkühlen lassen.

2. Die Schalen der Auberginen abziehen und wegwerfen. Das Auberginenfleisch grob würfeln und in die Küchenmaschine geben. Knoblauch, Kreuzkümmel, Tahini, Zitronensaft, Joghurt und Koriander dazugeben und alles zu einer glatten Paste verarbeiten. Die Maschine gegebenenfalls zwischendurch stoppen, um an den Behälterwänden haftende Zutaten nach unten zu schaben.

3. Das Baba Ghanoush in eine Servierschüssel geben, mit etwas Koriander garnieren und servieren. Wenn es im Voraus zubereitet wird, gut mit Frischhaltefolie abdecken, kühlen und erst 30 Minuten vor dem Servieren aus dem Kühlschrank nehmen.

Dieser Dip ist ein Klassiker der nahöstlichen Küche. Er schmeckt besonders gut zu Fladenbrot.

Pro Portion: *107 kcal / 6.1 g Fett / 1 g ges. Fettsäuren / 12.2 g Kohlenhydrate / 4.3 g Zucker / 6.3 g Ballaststoffe / 3.8 g Eiweiß / Spuren von Salz*

Basilikum-Knoblauch-Hummus

Für 4 Personen

Vorbereitung: 15–20 Minuten
Garzeit: keine

400 g Kichererbsen, abgespült und abgetropft
3 EL Tahini (Sesampaste)
30 g grob gehacktes, frisches Basilikum, plus Basilikumblätter zum Garnieren
1 Prise Paprikapulver edelsüß
2 Knoblauchzehen
abgeriebene Schale und Saft von 1 Zitrone
4–5 EL kaltes Wasser
Salz und Pfeffer

1. Kichererbsen, Tahini, Basilikum, Paprika, Knoblauchzehen und Zitronenschale sowie -saft in eine Küchenmaschine geben und zu einer groben Masse zerkleinern.

2. Bei laufendem Gerät langsam das Wasser zugießen, bis ein glattes dickes Mus entsteht. Bei Bedarf etwas mehr Wasser zugeben. Nach Geschmack salzen und pfeffern.

3. Mit Basilikum garnieren und sofort servieren oder luftdicht abgedeckt im Kühlschrank aufbewahren. Das Basilikum-Knoblauch-Hummus hält sich gekühlt bis zu 3 Tage.

Hummus gibt es in vielen Variationen. Diese Grundversion aus Kichererbsen, Tahini und Knoblauch kann mit zusätzlichen Aromen verfeinert werden, etwa mit Oliven oder mit der Würzpaste Harissa.

Pro Portion: *152 kcal / 7,3 g Fett / 1 g ges. Fettsäuren / 15 g Kohlenhydrate / 3,4 g Zucker / 5,3 g Ballaststoffe / 6,4 g Eiweiß / Spuren von Salz*

Dicke-Bohnen-Dip mit Minze & Rohkost

Für 4 Personen

Vorbereitung: 30–35 Minuten
Garzeit: 15 Minuten

350 g gepalte dicke Bohnen
2 EL natives Olivenöl extra
1 TL zerstoßene Kreuzkümmelsamen
3 Frühlingszwiebeln, in feine Ringe geschnitten
2 Knoblauchzehen, fein gehackt
25 g frische Minze, Blätter zerzupft
25 g frische glatte Petersilie, fein gehackt
Saft von 1 Zitrone
60 g griechischer Naturjoghurt
Salz und Pfeffer

Zum Servieren

1 rote und 1 gelbe Paprika, in Streifen geschnitten
4 Selleriestangen, in Stifte geschnitten
½ Gurke, halbiert, entkernt und in Stifte geschnitten
1 Pita-Brot, in Streifen geschnitten (nach Belieben)

Dicke Bohnen enthalten viel pflanzliches Eiweiß und Ballaststoffe. Mit frischen Gartenkräutern und Knoblauch ergeben sie einen supergesunden Dip, der toll zu Rohkost-Sticks passt.

1. In einen Dämpftopf mit Einsatz etwas Wasser geben, dieses zum Kochen bringen und die Bohnenkerne in den Einsatz legen. Den Deckel auflegen und die Bohnen 10 Minuten dämpfen, bis sie weich sind.

2. Inzwischen das Öl auf mittlerer Stufe in einer Pfanne erhitzen. Kreuzkümmel, Frühlingszwiebeln und Knoblauch darin etwa 2 Minuten braten, bis die Zwiebeln weich sind.

3. Die Bohnen in eine Küchenmaschine oder einen Standmixer geben. Zwiebelmischung, Kräuter, Zitronensaft und Joghurt zufügen und alles mit Salz und Pfeffer würzen. Zu einem groben Püree mixen, dann in eine große Schale füllen und diese auf einen großen Servierteller setzen.

4. Die Gemüsestreifen und -stifte um den Dip herum anrichten und, falls gewünscht, mit den Brotstreifen servieren.

Pro Portion: *202 kcal / 8.6 g Fett / 1.5 g ges. Fettsäuren / 17.3 g Kohlenhydrate / 4.6 g Zucker / 8.1 g Ballaststoffe / 9.8 g Eiweiß / 0.1 g Salz*

Gemüse-gerichte

Kürbis auf Buchweizen & Champignons

Für 4 Personen

Vorbereitung: 25 Minuten
Garzeit: 30 Minuten

1 kg Kürbis, z. B. Kabocha oder Crown Prince
1 EL Balsamico-Essig
125 ml Olivenöl
2 EL Butter
225 g Buchweizen, abgespült
1 Ei, leicht verquirlt
450 ml Gemüsebrühe
1 Zwiebel, in Streifen geschnitten
250 g kleine braune Champignons, geviertelt
2 EL Zitronensaft
6 EL frisch gehackte glatte Petersilie
25 g Walnusskerne, grob gehackt
Salz und Pfeffer

Buchweizen ist glutenfrei und die ideale Ergänzung zum Kürbis in diesem appetitlichen Gemüsegericht. Der gebackene Kürbis liefert Antioxidantien, die Walnüsse wertvolle Omega-3-Fettsäuren und ein knuspriges Geschmackserlebnis.

1. Den Backofen auf 200 °C vorheizen. Den Kürbis in acht Spalten teilen, schälen und entkernen.

2. Die Kürbisspalten in einen Bräter geben und mit Essig und 6 Esslöffeln Öl vermengen. Nach Geschmack salzen und pfeffern und die Butter in Flocken darauf verteilen. Im vorgeheizten Ofen 25–30 Minuten backen, bis der Kürbis leicht karamellisiert.

3. Inzwischen den Buchweizen in eine große Pfanne geben. Das Ei zufügen und mit dem Buchweizen verrühren. Auf mittlerer Stufe 3 Minuten garen, bis die Eimasse gestockt ist. Die Brühe zugießen und 9–10 Minuten köcheln lassen, bis der Buchweizen weich ist, aber noch nicht zerfällt. Dann die Pfanne vom Herd nehmen und den Buchweizen beiseitestellen.

4. Das restliche Öl in einer Pfanne erhitzen. Die Zwiebel zugeben und auf mittlerer Stufe 10 Minuten dünsten. Nach Geschmack salzen und pfeffern. Die Champignons zugeben und 5 Minuten weiterdünsten. Buchweizenmischung, Zitronensaft und den Großteil der Petersilie einrühren.

5. Die Buchweizenmischung auf vier Servierteller verteilen und je zwei Kürbisspalten darauf anrichten. Mit gehackten Walnüssen und restlicher Petersilie bestreuen und servieren.

Pro Portion: *662 kcal / 42.1 g Fett / 7.8 g ges. Fettsäuren / 67.6 g Kohlenhydrate / 7.9 g Zucker / 10.3 g Ballaststoffe / 13.2 g Eiweiß / 1.2 g Salz*

Zucchini-Spaghetti

Aus Zucchini werden für diese einfallsreiche Gemüsemahlzeit spaghettiähnliche Streifen geschnitten, die mit Pesto, Tomaten, Knoblauch und Feta gereicht werden. Geröstete Sonnenblumenkerne liefern das wichtige Vitamin E.

Für 2 Personen

Vorbereitung: 30 Minuten
Garzeit: 20 Minuten

150 g Cocktailtomaten
4 Knoblauchzehen, gehackt
1 EL Olivenöl
50 g Sonnenblumenkerne
2 große Zucchini
2 EL frischer Pesto
70 g Feta, zerkrümelt
Salz und Pfeffer
25 g grob gehacktes, frisches Basilikum, zum Garnieren

1. Den Backofen auf 200 °C vorheizen. Die Hälfte der Cocktailtomaten waagerecht halbieren. Alle Tomaten mit dem Knoblauch in einen Bräter geben und mit dem Olivenöl beträufeln. Alles gut vermengen und 20 Minuten im vorgeheizten Ofen backen.

2. Inzwischen eine trockene Pfanne auf mittlerer Stufe erhitzen. Die Sonnenblumenkerne zugeben und 3–4 Minuten rösten. Dann beiseitestellen.

3. Für die Zucchini-Spaghetti eine Vierkantreibe auf die Seite legen und die Zucchini mit der groben Raspel der Länge nach in bandnudelartige Streifen schneiden – das funktioniert am besten mit ganz leichtem Druck. Alternativ die Zucchini-Spaghetti mit einem Spiralschneider herstellen.

4. Wasser in einem Topf aufkochen und die Zucchini-Spaghetti hineingeben. 1–2 Minuten garen, dann durch ein Sieb abgießen und überschüssiges Wasser mit einem umgedrehten Löffel vorsichtig ausdrücken. Die Zucchini-Spaghetti wieder in den Topf geben und den Pesto unterheben. Nach Geschmack salzen und pfeffern.

5. Zwei Drittel der Tomatenmischung, die Hälfte der Sonnenblumenkerne und die Hälfte der Fetakrümel unter die Spaghetti heben und alles auf zwei Servierteller verteilen. Die restlichen Tomaten, Sonnenblumenkerne und Fetakrümel darübergeben. Mit dem Basilikum und nach Geschmack mit schwarzem Pfeffer garnieren. Sofort servieren.

Pro Portion: *464 kcal / 37,8 g Fett / 9,7 g ges. Fettsäuren / 19,9 g Kohlenhydrate / 10,9 g Zucker / 6 g Ballaststoffe / 16,7 g Eiweiß / 1,5 g Salz*

Fruchtsalat mit Sprossen & Saaten

Für 6 Personen

Vorbereitung: 20 Minuten
Garzeit: keine

225 g gemischte Sprossen, z. B. Alfalfa-, Mungbohnen-, Sojabohnen-, Azukibohnen-, Kichererbsen- und Radieschensprossen
25 g Kürbiskerne
25 g Sonnenblumenkerne
25 g Sesamsaat
1 Dessertapfel, entkernt und in Stücke geschnitten
70 g getrocknete Aprikosen, gewürfelt
fein abgeriebene Schale und Saft von 1 Zitrone
50 g Walnusskerne, grob gehackt
2 EL Walnussöl

Dieser nährstoffreiche fleisch- und glutenfreie Salat bringt den Körper wieder ins Gleichgewicht. Supergesunde Sprossen, Saaten, Nüsse und Obst treffen auf ein leichtes Zitronendressing.

1. Sprossen, Kerne und Sesam in einer großen Schüssel vermengen. Apfel, Aprikosen, Zitronenschale und Walnüsse untermischen.

2. Für das Dressing Zitronensaft und Öl in einer Schale mit einer Gabel verquirlen.

3. Das Dressing über den Salat träufeln und untermischen. Sofort servieren.

Pro Portion: *221 kcal / 16.4 g Fett / 1.8 g ges. Fettsäuren / 17.1 g Kohlenhydrate / 11 g Zucker / 3.9 g Ballaststoffe / 5.8 g Eiweiß / Spuren von Salz*

Burritos mit schwarzen Bohnen & Quinoa

Ergibt 8 Stück
Vorbereitung: 25–30 Minuten, plus Ruhen
Garzeit: 30–35 Minuten

60 g rote Quinoa, abgespült
150 ml Wasser
2 EL Pflanzenöl
1 rote Zwiebel, gewürfelt
1 frischer grüner Chili, entkernt und gewürfelt
1 kleine rote Paprika, gewürfelt
400 g schwarze Bohnen aus der Dose, abgespült und abgetropft
Saft von 1 Limette
4 EL frisch gehackter Koriander
2 Tomaten
8 Maistortillas, aufgewärmt
125 g Bergkäse, grob gerieben
85 g Romanasalat, in Streifen geschnitten
Salz und Pfeffer

Quinoa und schwarze Bohnen sind für Eiweiß und Ballaststoffe in diesen unwiderstehlichen Burritos zuständig, abgerundet werden sie mit kalziumreichem Bergkäse.

1. Die Quinoa mit dem Wasser in einen Topf geben und aufkochen. Abgedeckt auf niedriger Stufe 15 Minuten köcheln lassen. Dann vom Herd nehmen, den Deckel aber weitere 5 Minuten aufgelegt lassen, damit die Körner quellen. Dann mit einer Gabel durchrühren und beiseitestellen.

2. Das Öl in einer großen Pfanne erhitzen. Die Hälfte der Zwiebel und der Chili sowie die Paprika darin dünsten, bis sie weich sind. Bohnen, Quinoa und die Hälfte des Limettensafts und des Korianders zugeben. Einige Minuten unter Rühren weiterdünsten, dann nach Geschmack salzen und pfeffern.

3. Die Tomaten halbieren und die Kerne auskratzen und auffangen. Die Tomatenkerne zur Bohnenmischung geben. Das Tomatenfruchtfleisch würfeln und mit dem restlichen Koriander und Limettensaft sowie der restlichen Zwiebel und Chili zugeben. Die Tomatensalsa nach Geschmack salzen und gut verrühren.

4. Auf jede Tortilla 5 Esslöffel von der Bohnenmischung streichen. Tomatensalsa, Bergkäse und Romanasalat darüber verteilen. Dann die Tortillaenden über die Füllung klappen und einrollen. Die Burritos sofort servieren.

Pro Burrito: *291 kcal / 11.4 g Fett / 4.7 g ges. Fettsäuren / 34.3 g Kohlenhydrate / 4.5 g Zucker / 5.8 g Ballaststoffe / 11.4 g Eiweiß / 0.7 g Salz*

Auberginen mit Bulgurfüllung

Auberginen sind eine hervorragende Quelle für Vitamine, Mineralstoffe und Ballaststoffe. Sie eignen sich gut zum Füllen und nehmen die Gewürze in diesem Gericht hervorragend auf. Bulgur statt Reis für die Kräuter-Gemüse-Füllung ist geschmacklich eine interessante Variante.

Für 4 Personen

Vorbereitung: 35 Minuten, plus Ruhen
Garzeit: 50 Minuten

1 TL gemahlener Kreuzkümmel
1 TL gemahlener Koriander
1 TL Paprika
1 TL Chiliflocken
2 EL Olivenöl
2 Auberginen, längs halbiert
1 rote Zwiebel, grob gehackt
2 Knoblauchzehen, gehackt
150 g Bulgur
200 ml Gemüsebrühe
3 EL frisch gehackter Koriander
3 EL frisch gehackte Minze
125 g Feta, zerkrümelt
30 g Mandelblättchen, geröstet
1½ EL Zitronensaft
2 TL Granatapfelsirup
Salz und Pfeffer

Zum Garnieren

1 EL frisch gehackte Minze
1 TL Granatapfelsirup
125 g griechischer Naturjoghurt
4 EL Granatapfelfruchtkerne

1. Den Backofen auf 180 °C vorheizen. Kreuzkümmel, Koriander, Paprika, Chiliflocken und 1½ Esslöffel Olivenöl in einer kleinen Schüssel verrühren. Mit einem scharfen Messer das Auberginenfruchtfleisch rautenförmig einritzen, aber nicht bis zur Schale durchtrennen. Die Auberginenhälften mit der Kreuzkümmelmischung beträufeln, auf ein mit Backpapier ausgelegtes Backblech setzen und 35 Minuten im vorgeheizten Ofen garen.

Pro Portion: *451 kcal / 20,7 g Fett / 7,3 g ges. Fettsäuren / 55,2 g Kohlenhydrate / 12,6 g Zucker / 18,6 g Ballaststoffe / 17,5 g Eiweiß / 1,4 g Salz*

2. Inzwischen das restliche Olivenöl in einer großen Pfanne auf mittlerer Stufe erhitzen. Zwiebel und Knoblauch zugeben und 3–4 Minuten dünsten, bis sie weich sind. Die Hitze auf niedrige Stufe reduzieren. Den Bulgur zugeben, mit der Gemüsebrühe übergießen und weiterrühren, bis er die Flüssigkeit aufgenommen hat. Die Mischung aus der Pfanne in eine große Schüssel geben.

3. Die Auberginen aus dem Ofen nehmen und 10 Minuten abkühlen lassen. Den Backofen nicht abschalten. Mit einem Teelöffel das Innere der Auberginen so auskratzen, dass noch ein deutlicher Rand für die Füllung stehen bleibt.

4. Das Auberginenfruchtfleisch in die Bulgurmischung geben. Frisch gehackten Koriander, Minze, Feta, Mandelblättchen, Zitronensaft und Granatapfelsirup einrühren. Nach Geschmack salzen und pfeffern.

5. Die Füllung auf die vier Auberginenhälften verteilen und 15 Minuten im Backofen garen. Herausnehmen, mit frisch gehackter Minze, Granatapfelsirup, Joghurt und Granatapfelkernen garnieren und sofort servieren.

Kürbis-Linsen-Eintopf

Für 4 Personen

Vorbereitung: 20 Minuten
Garzeit: 35 Minuten

1 EL Olivenöl
1 Zwiebel, gewürfelt
3 Knoblauchzehen, fein gehackt
2 EL Tomatenmark
2 TL gemahlener Kreuzkümmel
1 TL Zimt
1 TL Salz
¼ TL Cayennepfeffer
450 g Butternusskürbis, geschält, entkernt und in mundgerechte Stücke geschnitten
100 g braune Linsen
450 ml Gemüsebrühe
1 EL Zitronensaft

Zum Garnieren

4 EL Naturjoghurt
2 EL frisch gehackter Koriander
2 EL Mandelblättchen

Linsen, von Natur aus fettarme Hülsenfrüchte, haben eine Menge Ballaststoffe und Eiweiß zu bieten. Sie sind außerdem eine gute Eisenquelle. Zusammen mit dem Kürbis, der reich an Antioxidantien ist, wird dieser Eintopf zur wahren Kraftmahlzeit.

1. Das Öl in einem großen Topf auf mittlerer Stufe erhitzen. Zwiebelwürfel und Knoblauch zugeben und unter gelegentlichem Rühren 5 Minuten dünsten, bis sie weich sind.

2. Tomatenmark, Kreuzkümmel, Zimt, Salz und Cayennepfeffer zugeben und alles rasch verrühren. Kürbis, Linsen und Gemüsebrühe einrühren und alles aufkochen.

3. Die Hitze auf niedrige Stufe reduzieren und den Eintopf ohne Deckel unter häufigem Rühren 25 Minuten köcheln lassen, bis Kürbis und Linsen weich sind.

4. Den Zitronensaft einrühren und mit Joghurt, Koriander und Mandelblättchen garniert sofort heiß servieren.

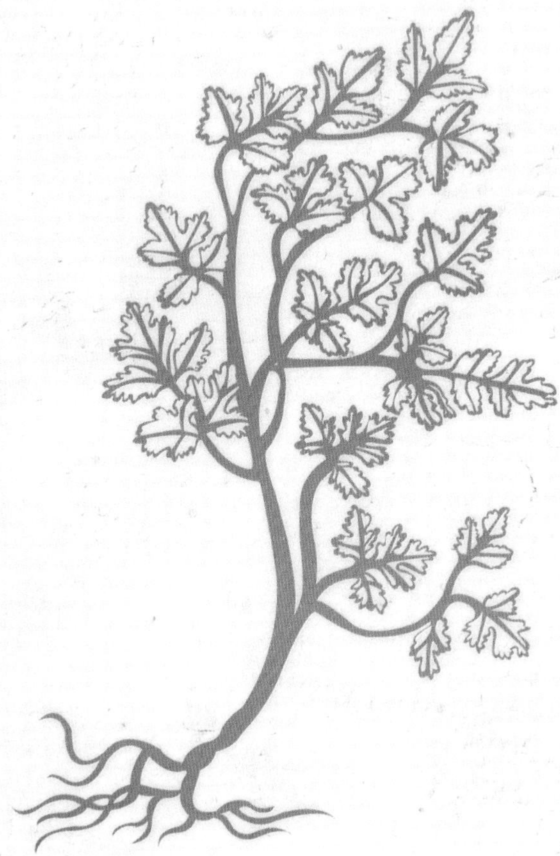

Pro Portion: *238 kcal / 7.6 g Fett / 1.5 g ges. Fettsäuren / 36.5 g Kohlenhydrate / 6.4 g Zucker / 11.7 g Ballaststoffe / 9.7 g Eiweiß / 2.6 g Salz*

Getreidesalat mit gegrilltem Gemüse & Sprossen

Für 4 Personen

Vorbereitung: 30–35 Minuten, plus Kühlen
Garzeit: 30–35 Minuten

700 ml Gemüsebrühe
40 g Wildreis
115 g Bulgur
115 g Quinoa
2 kleine Zucchini, schräg in Scheiben geschnitten
4 Frühlingszwiebeln, längs halbiert
2 EL Olivenöl
Saft von ½ Zitrone
1 TL grob zerstoßene Kreuzkümmelsamen
25 g frische glatte Petersilie, grob gehackt
50 g gemischte Sprossen, z. B. Alfalfa- und Radieschensprossen
Salz und Pfeffer

Dressing

fein abgeriebene Schale und Saft von ½ Zitrone
fein abgeriebene Schale und Saft von 1 Limette
1 TL flüssiger Honig
2 EL Olivenöl

Gutes Getreide, Gemüse aus der Grillpfanne und ein vitaminreicher Sprossenmix machen diesen Salat so gehaltvoll. Das leichte Zitrusdressing mit herber Limette sorgt für ein spritziges Aroma.

1. Die Brühe in einem Topf zum Kochen bringen. Den Reis hineingeben und 5 Minuten köcheln lassen. Den Bulgur zufügen und weitere 5 Minuten garen. Die Quinoa zugeben und 10–12 Minuten köcheln, bis alle Getreidesorten gar sind. Abtropfen lassen und in eine Salatschüssel geben.

2. Für das Dressing Zitronenschale und -saft, Limettenschale und -saft, Honig und Olivenöl in ein Schraubglas füllen. Salzen und pfeffern, den Deckel aufsetzen und kräftig schütteln. Das Dressing über das Getreide träufeln und unterheben. Abkühlen lassen.

3. Inzwischen Zucchini und Frühlingszwiebeln mit Olivenöl, Zitronensaft und Kreuzkümmel mischen. Mit etwas Salz und Pfeffer würzen.

4. Eine Grillpfanne auf hoher Stufe erhitzen. Zucchini und Zwiebeln darin 1–2 Minuten von jeder Seite braun anbraten. Auf einen Teller heben und abkühlen lassen. Das Getreide auf vier Servierteller verteilen und das Gemüse darauf anrichten. Mit Petersilie und Sprossen garnieren und sofort servieren.

Pro Portion: *416 kcal / 17.4 g Fett / 2.9 g ges. Fettsäuren / 58.1 g Kohlenhydrate / 6.6 g Zucker / 10 g Ballaststoffe / 11.8 g Eiweiß / 1.7 g Salz*

Kichererbsen-Curry mit Cashewkernen

Für 4 Personen

Vorbereitung: 15 Minuten

Garzeit: 40–45 Minuten

150 g Kartoffeln, in Würfeln geschnitten
3 EL Pflanzenöl
1 Zwiebel, gehackt
2 Knoblauchzehen, gehackt
3-cm-Stück frische Ingwerwurzel, fein gehackt
1 TL Kreuzkümmelsamen
1 TL Cayennepfeffer
½ TL gemahlene Kurkuma
½ TL Zimt
400 g Kichererbsen aus der Dose, abgespült und abgetropft
150 g Cashewkerne
350 ml Gemüsebrühe
100 g Kokoscreme
1 EL frisch gehackter Koriander, zum Garnieren
400 g frisch gekochter Reis, zum Servieren

Dieses exotische Curry aus Kichererbsen und Cashewkernen hat jede Menge wichtiger Nährstoffe, Ballaststoffe und Eiweiß zu bieten.

1. Wasser in einem großen Topf aufkochen. Die Kartoffelstücke hineingeben und 10–15 Minuten kochen, bis sie weich, aber noch bissfest sind.

2. Das Öl in einem großen Topf auf mittlerer Stufe erhitzen. Zwiebel, Knoblauch, Ingwer, Kreuzkümmel, Cayennepfeffer, Kurkuma und Zimt 5 Minuten darin dünsten, bis die Zwiebel glasig wird.

3. Kartoffelstücke, Kichererbsen und Cashewkerne zugeben und 3 Minuten weiterrühren. Brühe und Kokoscreme einrühren, bis die Kokoscreme aufgelöst ist. Die Hitze auf niedrige Stufe reduzieren und weitere 15 Minuten köcheln lassen, bis das Curry cremig eindickt.

4. Mit dem Koriander garnieren und sofort mit dem gekochten Reis servieren.

Pro Portion: *720 kcal / 44.7 g Fett / 19.5 g ges. Fettsäuren / 62.8 g Kohlenhydrate / 8.8 g Zucker / 7.3 g Ballaststoffe / 16.5 g Eiweiß / 0.9 g Salz*

Gebackener Blumenkohl

Blumenkohl steckt voller Vitamin C und enthält weder Cholesterin noch Fett: Hier wird er im Ganzen gebacken und mit einer pikanten Oliven-Kapern-Sauce serviert. Eiweißreiche Limabohnen runden die wärmende Mahlzeit ab.

Für 4 Personen

Vorbereitung: 20–25 Minuten
Garzeit: 1 Stunde

1 EL Olivenöl
2 Zwiebeln, in dünne Ringe geschnitten
4 Knoblauchzehen, gehackt
2 EL Rotweinessig
1 Prise brauner Zucker
70 g schwarze Oliven, entsteint
2 EL Kapern
3 EL frisch gehacktes Basilikum
800 g Tomaten aus der Dose, gehackt
400 g Limabohnen aus der Dose, abgespült und abgetropft
150 ml Gemüsebrühe
1 großer Blumenkohl, geputzt
Salz und Pfeffer
2 EL Basilikumblätter, zum Garnieren

1. Das Olivenöl in einem großen Topf (der Blumenkohl sollte als Ganzes hineinpassen) erhitzen.

2. Zwiebeln und Knoblauch zugeben und auf mittlerer Stufe dünsten, bis sie weich werden. Essig, Zucker, Oliven, Kapern und Basilikum einrühren und weitere 2–3 Minuten garen. Tomaten, Limabohnen und Gemüsebrühe zugeben. Alles gut verrühren und 5–6 Minuten köcheln lassen.

3. Den Blumenkohl umgedreht auf ein Schneidebrett legen und den Strunk mit einem scharfen Messer heraustrennen. Den Blumenkohl dann mittig in die Tomatensauce setzen und leicht andrücken, sodass er zur Hälfte mit Sauce bedeckt ist. Mit Salz und Pfeffer würzen.

4. Die Hitze auf niedrige Stufe reduzieren und das Ganze abgedeckt 45 Minuten köcheln lassen, bis der Blumenkohl weich ist. Gelegentlich die Sauce sehr vorsichtig umrühren, damit sie nicht anbrennt. Mit dem Basilikum garnieren und sofort servieren.

Pro Portion: *242 kcal / 7.3 g Fett / 1 g ges. Fettsäuren / 34.6 g Kohlenhydrate / 14.2 g Zucker / 9.6 g Ballaststoffe / 11.5 g Eiweiß / 1.1 g Salz*

Risotto Primavera

Für 4 Personen

Vorbereitung: 25 Minuten
Garzeit: 45 Minuten

1,2 l Gemüsebrühe
1 EL Olivenöl
1 großer Porree, in feine Ringe geschnitten, weißer und grüner Teil getrennt
2 Knoblauchzehen, fein gehackt
250 g brauner Rundkornreis
150 g Babykarotten, längs halbiert
100 g grüner Spargel
225 g Zucchini, gewürfelt
25 g Butter
70 g Parmesan, fein gerieben
60 g Mischung aus Babyspinat, Brunnenkresse und Rucola, gewaschen und abgetropft

Dieses Naturreis-Risotto mit frischem Frühlingsgemüse ist eine vollwertige, ausgewogene Mahlzeit ganz ohne Fleisch.

1. Die Brühe in einem Topf zum Kochen bringen.

2. Inzwischen das Öl in einer großen Pfanne erhitzen. Weiße Porreeringe und Knoblauch bei mittlerer Hitze 3–4 Minuten weich dünsten, aber nicht bräunen.

3. Den Reis untermischen und 1 Minute andünsten. Mit der Hälfte der Brühe ablöschen und zum Kochen bringen. Bei aufgesetztem Deckel 15 Minuten köcheln lassen.

4. Karotten und die Hälfte der restlichen Brühe zufügen. Den Deckel wieder aufsetzen und weitere 15 Minuten garen.

5. Grüne Porreeringe, Spargel und Zucchini zum Reis geben und etwas Brühe zufügen. Den Deckel wieder aufsetzen und 5–6 Minuten garen, bis Gemüse und Reis bissfest sind.

6. Den Topf vom Herd nehmen. Butter und zwei Drittel des Parmesans unterziehen. Bei Bedarf die restliche Brühe unterrühren. Mit der Blattmischung bedecken und diese bei aufgesetztem Deckel 1–2 Minuten zusammenfallen lassen.

7. Das Risotto in vier Servierschalen anrichten. Mit dem restlichen Käse bestreuen und sofort servieren.

Pro Portion: *433 kcal / 16.8 g Fett / 8.1 g ges. Fettsäuren / 59.6 g Kohlenhydrate / 5.4 g Zucker / 5 g Ballaststoffe / 13.6 g Eiweiß / 3.7 g Salz*

Tagliatelle mit Kürbis & Walnuss-Pesto

Selbst zubereiteter Pesto ist der Star zu jeder Pasta. Besonders wenn er aus Walnüssen besteht, die reich an essenziellen Omega-3-Fettsäuren und ungesättigten Fetten sind. So tut dieses Gericht nicht nur dem Gaumen gut, sondern fördert auch die Herzgesundheit.

Für 4 Personen

Vorbereitung: 35–40 Minuten
Garzeit: 20–25 Minuten

1 kg Garten- oder Butternusskürbis, entkernt, geschält und in 2 cm dicke Scheiben geschnitten
2 EL natives Olivenöl extra
500 g frische Vollkorntagliatelle
Salz und Pfeffer

Walnuss-Pesto

85 g Walnusskerne, zerkleinert
6 EL natives Olivenöl extra
15 g frisches Basilikum
25 g Parmesan, fein gehobelt, plus etwas mehr zum Servieren
70 g Rucola

1. Den Backofen auf 200 °C vorheizen. Die Kürbisstücke nebeneinander auf ein tiefes Backblech legen. Mit dem Öl beträufeln und mit Salz und Pfeffer bestreuen. Im vorgeheizten Ofen 20–25 Minuten backen, bis der Kürbis gerade weich ist.

2. Inzwischen für den Pesto die Walnüsse in einer großen Pfanne 2–3 Minuten rösten. Leicht abkühlen lassen. In eine Küchenmaschine oder einen Standmixer geben, das Öl hinzugießen und grob hacken. Basilikum, Käse und die Hälfte des Rucola zugeben und alles zu einem groben Pesto verarbeiten.

3. Leicht gesalzenes Wasser in einem großen Topf zum Kochen bringen. Die Tagliatelle hineingeben und 8–10 Minuten oder nach Packungsanleitung kochen, bis sie al dente sind.

4. Die Pasta abgießen, dabei eine kleine Menge Kochwasser auffangen. Die Pasta wieder in den Topf geben. Die Kürbisstücke würfeln und zur Pasta geben. Den Pesto darüberlöffeln und alles vorsichtig vermengen, eventuell etwas Kochwasser zugeben, falls die Mischung zu trocken ist. Mit dem restlichen Rucola bestreuen.

5. Auf Schalen verteilen und mit Parmesanspänen bestreut servieren.

Pro Portion: *912 kcal / 44,9 g Fett / 6,7 g ges. Fettsäuren / 113,9 g Kohlenhydrate / 9,3 g Zucker / 13 g Ballaststoffe / 27,2 g Eiweiß / 0,3 g Salz*

Grüner Linsensalat mit Eiern

Für 4 Personen

Vorbereitung: 30 Minuten, plus Auskühlen
Garzeit: 30–35 Minuten

850 ml Gemüsebrühe
2 Lorbeerblätter
1 Zimtstange, halbiert
225 g Porree, geputzt
225 g grüne Linsen, abgespült und abgetropft
3 EL Olivenöl
2 Knoblauchzehen, fein gehackt
4 Eier
2 EL abgetropfte und gehackte Kapern
85 g Babyspinat, gewaschen und abgetropft
25 g frische glatte Petersilie, grob gehackt

Dressing

2 EL Rotweinessig
1 TL Dijon-Senf
Salz und Pfeffer

In diesem herzhaften Linsensalat mit Gemüse und Ei liefern die Hülsenfrüchte Ballaststoffe und gesundes Pflanzenprotein ohne Fett. Das pikante Senf-Dressing erhält ein pfiffiges Finish durch antioxidantienreiche Petersilie.

1. Brühe, Lorbeerblätter und Zimt in einem Topf zum Kochen bringen. Vom weißen Ende einer Porreestange ein 7,5 cm langes Stück abschneiden und mit den Linsen in die Brühe geben. Bei geschlossenem Deckel 25 Minuten köcheln lassen, bis die Linsen gar sind und die Brühe fast aufgesogen haben. Gegebenenfalls zwischendurch etwas kochendes Wasser nachgießen. Die Linsen in eine Salatschüssel geben. Porree, Lorbeer und Zimtstange entfernen.

2. Inzwischen den restlichen Porree in feine Ringe schneiden. 1 Esslöffel Olivenöl in einer Pfanne erhitzen. Porree und Knoblauch darin bei mittlerer Hitze 3–4 Minuten unter Rühren dünsten. Vom Herd nehmen und abkühlen lassen.

3. Die Eier in einem Topf mit Wasser bedecken und 8 Minuten kochen, bis sie hart sind. Abgießen und unter fließend kaltem Wasser abschrecken. Dann schälen und vierteln.

4. Für das Dressing Essig, restliches Öl und Senf in ein Schraubglas füllen. Salzen und pfeffern, den Deckel aufschrauben und kräftig schütteln.

5. Das Dressing über die Linsen träufeln und unterheben. Porree, Kapern und Spinat unterheben. Die Eierviertel auf dem Salat anrichten. Mit der Petersilie garnieren und warm servieren.

Pro Portion: *383 kcal / 16,9 g Fett / 3,9 g ges. Fettsäuren / 37,1 g Kohlenhydrate / 1,9 g Zucker / 18 g Ballaststoffe / 22 g Eiweiß / 2,6 g Salz*

Grünkohl-Bohnen-Eintopf

Heiß serviert ist dieser gehaltvolle Eintopf mit nährstoffreichen Limabohnen, Tomaten und Grünkohl die ideale Mahlzeit für kalte Wintertage.

Für 6 Personen

Vorbereitung: 25 Minuten, plus Einweichen über Nacht
Garzeit: 1¾–2 Stunden

350 g getrocknete Limabohnen, über Nacht in Wasser eingeweicht
1 EL Kreuzkümmelsamen
2 TL getrockneter Oregano
3 EL Erdnussöl
2 Zwiebeln, gehackt
2 Knoblauchzehen, fein gehackt
1–3 frische grüne oder rote Chilis, entkernt und in Ringe geschnitten
400 g Tomaten aus der Dose, gehackt
450 ml Gemüsebrühe
175 g Grünkohl, klein geschnitten
5 EL frisch gehackter Koriander
Saft von 1 Limette
Salz und Pfeffer

Zum Garnieren

2 Avocados, gewürfelt und in 1 TL Limettensaft gewendet
½ rote Zwiebel, in Ringe geschnitten

1. Die Bohnen abgießen, in einen großen Topf geben und mit Wasser bedecken. Aufkochen, die Bohnen 15 Minuten sprudelnd kochen, dann auf mittlerer Stufe 30–45 Minuten köcheln lassen, bis sie weich sind, aber noch nicht zerfallen. Abgießen und beiseitestellen.

2. Die Kreuzkümmelsamen in einer kleinen trockenen Pfanne auf mittlerer Stufe rösten, bis sie zu duften beginnen. Den Oregano zugeben, einige Sekunden weiterrösten und rasch aus der Pfanne nehmen.

3. Die Kräutermischung im Mörser mit dem Stößel leicht zerreiben.

4. Das Öl in einem großen Schmortopf auf mittlerer Stufe erhitzen. Zwiebeln und Kräutermischung zugeben, dann 5 Minuten dünsten, bis die Zwiebeln glasig werden. Knoblauch und Chilis zugeben und weitere 2 Minuten garen.

5. Tomaten, Limabohnen und Brühe in den Schmortopf geben und verrühren. Nach Geschmack salzen und pfeffern und aufkochen. Die Hitze reduzieren, einen Deckel auflegen und 30 Minuten unter gelegentlichem Rühren köcheln lassen.

6. Auf mittlere Stufe schalten und den Grünkohl einrühren. Ohne Deckel 7 Minuten köcheln lassen, bis der Kohl weich ist. Koriander und Limettensaft einrühren.

7. Den Eintopf auf sechs tiefe Teller verteilen, mit Avocadowürfeln und roten Zwiebelringen garnieren und sofort servieren.

Pro Portion: *400 kcal / 15.8 g Fett / 2.7 g ges. Fettsäuren / 52.5 g Kohlenhydrate / 6.9 g Zucker / 14.4 g Ballaststoffe / 17.8 g Eiweiß / 0.8 g Salz*

Rote-Bete-Burger

Ergibt 5 Stück

Vorbereitung: 30 Minuten, plus Ruhen und Kühlen
Garzeit: 35–40 Minuten

100 g Hirse, abgespült und abgetropft
175 ml Wasser
1 große rohe Rote Bete (etwa 150 g), geraspelt
30 g Karotte, geraspelt
175 g Zucchini, geraspelt
60 g Walnusskerne, fein gehackt
2 EL Apfelessig
2 EL Olivenöl, plus etwas mehr zum Braten
1 Ei, verquirlt
2 EL Speisestärke
Salz und Pfeffer
5 halbierte Mehrkornbrötchen und 5 Salatblätter, zum Servieren

Joghurtsauce

225 g Naturjoghurt
2 Knoblauchzehen, fein gehackt

Ein wahres Fest für den Gaumen sind diese vegetarischen Hirseburger mit rotem Gemüse. In Mehrkornbrötchen mit fettarmer Joghurt-Knoblauch-Sauce serviert ergeben sie ein exzellentes Mittag- oder Abendessen.

1. Die Hirse mit Wasser und einer Prise Salz in einem Topf bei mittlerer Hitze zum Kochen bringen. Die Hitze auf niedrige Stufe reduzieren und die Hirse bei aufgesetztem Deckel 20–25 Minuten kochen, bis sie gar ist. Den Topf vom Herd nehmen, den Deckel aufsetzen und die Hirse 5 Minuten ausquellen lassen.

2. Rote Bete, Karotte, Zucchini und Walnüsse in einer großen Schüssel mit Hirse, Essig, Öl und je ½ Teelöffel Salz und Pfeffer sorgfältig vermengen. Ei und Speisestärke einarbeiten. Abgedeckt im Kühlschrank 2 Stunden ziehen lassen.

3. Inzwischen für die Joghurtsauce den Joghurt in ein sehr feines Sieb geben und über einer Schüssel mindestens 30 Minuten abtropfen lassen. In eine Schale füllen und den Knoblauch unterrühren. Mit Salz und Pfeffer abschmecken.

4. Die Burgermasse mit angefeuchteten Händen zu fünf Bratlingen formen. Etwas Öl in einer Grillpfanne oder einer großen Bratpfanne auf mittlerer Stufe erhitzen. Die Bratlinge darin von jeder Seite 5 Minuten goldbraun braten.

5. Die unteren Brötchenhälften mit 1 Esslöffel Joghurtsauce bestreichen. Je 1 Bratling und 1 Salatblatt darauflegen. Mit der oberen Brötchenhälfte bedecken. Sofort servieren.

Pro Burger: *498 kcal / 24.6 g Fett / 4.2 g ges. Fettsäuren / 55 g Kohlenhydrate / 9.6 g Zucker / 8.5 g Ballaststoffe / 16 g Eiweiß / 0.8 g Salz*

Kürbis-Bohnen-Taschen

Diese verlockenden Filoteigtaschen mit Kürbis, Bohnen und Feta schmecken am besten frisch aus dem Ofen. Ein gesunder Leckerbissen für die ganze Familie zum Mittagessen oder Abendbrot.

Für 6 Personen

Vorbereitung: 40 Minuten
Garzeit: 45–50 Minuten

500 g Kürbis, in 2 cm große Würfel geschnitten
4 Schalotten, geviertelt
1 TL geräuchertes Paprikapulver
1 EL Olivenöl
200 g Azukibohnen (ersatzweise Kidneybohnen) aus der Dose, abgespült und abgetropft
2 EL frisch gehackte Petersilie
abgeriebene Schale von 1 Zitrone
100 g Feta, zerkrümelt
3 Blätter Filoteig (40 cm x 30 cm)
50 g Butter, zerlassen
Pfeffer
1 EL frisch gehackte Brunnenkresse, zum Garnieren
grüner Blattsalat, zum Servieren (nach Belieben)

1. Den Backofen auf 200 °C vorheizen. Kürbiswürfel und Schalotten auf dem Boden eines flachen Bräters verteilen und mit dem Paprikapulver bestreuen. Mit dem Olivenöl beträufeln und alles gut vermengen. Im vorgeheizten Ofen 20–25 Minuten backen, bis der Kürbis weich und leicht angebräunt ist. Den Backofen nicht abschalten.

2. Die Kürbismischung in eine große Schüssel geben. Mit einem Kartoffelstampfer zu einem groben Brei zerdrücken. Bohnen, Petersilie, Zitronensaft und Feta zugeben und alles gut verrühren. Nach Geschmack pfeffern.

3. Ein Blatt Filoteig längs halbieren (auf 40 cm x 15 cm) und eine Hälfte mit zerlassener Butter bestreichen. Den restlichen Filoteig mit einem feuchten Küchentuch abdecken.

4. Ein Sechstel der Kürbismischung auf die obere Kante der Filoteighälfte geben. Eine Ecke zur anderen Seite hin darüberklappen, sodass eine dreieckige Tasche entsteht. Dann das Dreieck nach unten klappen und mit einem weiteren Umklappen verschließen. Die fertige Teigtasche mit etwas zerlassener Butter bestreichen. Den Vorgang mit den anderen Filoteigblättern wiederholen.

5. Die Teigtaschen auf ein Backblech legen und 25 Minuten im heißen Ofen backen, bis sie goldbraun sind. Mit der Brunnenkresse garnieren und, falls gewünscht, mit einem grünen Salat sofort servieren.

Pro Portion: *213 kcal / 13.4 g Fett / 7.3 g ges. Fettsäuren / 18.4 g Kohlenhydrate / 2.6 g Zucker / 1.9 g Ballaststoffe / 6 g Eiweiß / 0.7 g Salz*

Salat mit Tofu in Misoglasur

Dieser verlockende Salat mit glasiertem Tofu und nährstoffreichem grünem Gemüse bringt frische Aromen aus fernen Ländern auf den Tisch. Ideal für ein appetitanregendes vegetarische Mahl mit Freunden.

Für 4 Personen

Vorbereitung: 25 Minuten
Garzeit: 8–10 Minuten

400 g fester Tofu, abgetropft und in 1 cm dicke Scheiben geschnitten
1 EL Sesamsaat
85 g Zuckererbsen, in feine Streifen geschnitten
115 g Bohnensprossen
150 g grüner Spargel, in lange, dünne Streifen geschnitten
1 Zucchini, in Stifte geschnitten
1 Romana-Salatherz, in Streifen geschnitten
25 g frischer Koriander, grob gehackt
85 g gemischte Sprossen, z. B. Alfalfa- und Radieschensprossen

Glasur

3 EL Reisweinessig
2 EL Sojasauce
3 EL Sonnenblumenöl
1 EL helles Miso
2 Knoblauchzehen, fein gehackt

1. Für die Glasur Essig, Sojasauce Öl, Miso und Knoblauch in ein Schraubglas füllen, den Deckel aufsetzen und kräftig schütteln.

2. Den Backofengrill vorheizen. Ein Backblech mit Alufolie belegen. Die Tofuscheiben darauf verteilen und mit einer Messerspitze rautenförmig einritzen. Mit dem Sesam bestreuen. Mit der Hälfte der Glasur beträufeln und 8–10 Minuten unter einmaligem Wenden grillen, bis der Tofu goldbraun ist.

3. Zuckererbsen, Sprossen, Spargel, Zucchini und Salat auf eine Servierplatte geben. Das restliche Dressing darüberträufeln und untermischen. Mit Koriander und Sprossen bestreuen. Die heißen Tofuscheiben darauf anrichten. Die Glasur vom Backblech darübergießen und den Salat sofort servieren.

Pro Portion: *236 kcal / 15 g Fett / 1.7 g ges. Fettsäuren / 15.4 g Kohlenhydrate / 8.4 g Zucker / 4.8 g Ballaststoffe / 13.2 g Eiweiß / 1.6 g Salz*

Gefüllte rote Paprika

Die vitaminreichen, glänzend roten Paprika werden durch eine Energiefüllung aus magerem Hackfleisch, Hülsenfrüchten und Kräutern bereichert. Ein großartiges Essen fürs Wochenende, das lange satt macht.

Für 4 Personen

Vorbereitung: 25 Minuten
Garzeit: 1 Stunde

4 große rote Paprika, längs halbiert mit Stiel, entkernt
1 EL Olivenöl
1 rote Zwiebel, fein gehackt
400 g mageres Rinderhackfleisch
2 Knoblauchzehen, fein gehackt
¼ TL geräuchertes scharfes Paprikapulver oder Cayennenpfeffer
1 TL gemahlener Kreuzkümmel
400 g Kichererbsen aus der Dose, abgespült und abgetropft
400 g grüne Linsen aus der Dose, abgespült und abgetropft
400 g gehackte Tomaten aus der Dose
125 ml Rinderbrühe
175 g Naturjoghurt (0,1 % Fett, nach Belieben)
15 g frische Minze, grob gehackt
15 g frische glatte Petersilie, grob gehackt
Salz und Pfeffer

1. Den Backofen auf 180 °C vorheizen. Die Paprikahälften mit den Schnittseiten nach oben in eine große Auflaufform setzen.

2. Das Öl in einer Pfanne erhitzen. Zwiebel, Hackfleisch und Knoblauch darin bei mittlerer Hitze 5 Minuten unter Rühren gleichmäßig anbräunen.

3. Paprikapulver und Kreuzkümmel untermischen, dann Kichererbsen, Linsen, Tomaten und Brühe zufügen und mit Salz und Pfeffer würzen. Die Hitze stark erhöhen und die Mischung einmal aufkochen. Die Pfanne vom Herd nehmen.

4. Die Hackfleischmasse in die Paprikahälften füllen. Die Form mit Alufolie abdecken und im vorgeheizten Ofen 50 Minuten garen, bis die Paprika weich und die Füllung durchgegart ist.

5. Die Alufolie abnehmen. Die Paprika mit je 1 Esslöffel Joghurt, falls verwendet, garnieren und mit den Kräutern bestreuen. Sofort servieren.

Pro Portion: *385 kcal / 10,8 g Fett / 3 g ges. Fettsäuren / 35 g Kohlenhydrate / 14,3 g Zucker / 10,7 g Ballaststoffe / 32,5 g Eiweiß / 0,5 g Salz*

Spanischer Gemüseeintopf

Für 4 Personen

Vorbereitung: 25 Minuten
Garzeit: 55 Minuten

2 EL natives Olivenöl extra
1 Zwiebel, grob gehackt
1 Aubergine, in Würfel geschnitten
½ TL scharfes geräuchertes Paprikapulver
2 Knoblauchzehen, fein gehackt
1 große rote Paprika, grob gehackt
250 g neue Babykartoffeln, ungeschält, größere Exemplare halbiert
450 g Eiertomaten, gehäutet und grob gehackt
400 g weiße Bohnen aus der Dose, abgetropft
150 ml Gemüsebrühe
2 frische Zweige Rosmarin
2 Zucchini, in Würfel geschnitten
Salz und Pfeffer

Dieser herzhafte Eintopf hat eine Fülle an nährstoffreichem Gemüse zu bieten. Seine spanischen Wurzeln kann er mit aromatischem Räucherpaprika und frischem Rosmarin kaum verbergen. Dazu schmeckt Baguettebrot.

1. 1 Esslöffel Öl in einem Topf auf mittlerer Stufe erhitzen. Die Zwiebel zugeben und 5 Minuten glasig dünsten. Das restliche Öl zugießen, dann die Aubergine hinzufügen. Alles unter Rühren 5 Minuten braten. Die Aubergine sollte weich und leicht gebräunt sein.

2. Räucherpaprika und Knoblauch zugeben und umrühren. Dann Paprika, Kartoffeln und Tomaten einrühren. Die Bohnen hineingeben, die Brühe zugießen und den Rosmarin zufügen. Mit Salz und Pfeffer würzen. Alles zum Kochen bringen, den Topf abdecken und die Hitze etwas reduzieren. 30 Minuten unter gelegentlichem Rühren köcheln lassen.

3. Die Zucchini einrühren, dann alles ohne Deckel 10 Minuten weiterköcheln lassen. Das Gemüse sollte weich und die Sauce leicht eingekocht sein.

4. Den Eintopf in flache Schalen geben, den Rosmarin entfernen und den Eintopf sofort servieren.

Pro Portion: *278 kcal / 8.5 g Fett / 1.3 g ges. Fettsäuren / 41.8 g Kohlenhydrate / 13 g Zucker / 14.9 g Ballaststoffe / 10.4 g Eiweiß / 0.4 g Salz*

Reissalat mit Roter Bete

Dieser knackige Salat schmeckt mit allem, was das Gemüsefach so hergibt. Der fettarme Kürbis und die Roten Bete mit Vitaminen und Mineralstoffen machen den Reissalat zu einem besonderen Energiespender.

Für 4 Personen

Vorbereitung: 25 Minuten
Garzeit: 30 Minuten

450 g rohe Rote Bete, geschält und in 2 cm große Würfel geschnitten
450 g Butternusskürbisfleisch, in 2 cm große Würfel geschnitten
4 EL Olivenöl
100 g brauner Basmati-Reis
100 g roter Camargue-Reis
100 g Perl-Emmer
120 g junge Rote-Bete-Blätter
Salz und Pfeffer

Dressing

1 EL Leinöl
2 EL Rotweinessig
½ TL geräuchertes scharfes Paprikapulver
1 TL Fenchelsamen, grob zerstoßen
2 TL Tomatenmark

1. Den Backofen auf 200 °C vorheizen. Rote Bete und Kürbis in eine Bratform geben. Mit der Hälfte des Olivenöls beträufeln. Leicht salzen und pfeffern. Im vorgeheizten Ofen 30 Minuten garen.

2. Inzwischen beide Reissorten in einen Topf mit kochendem Wasser geben und ohne Deckel 15 Minuten kochen. Den Emmer untermischen und weitere 10 Minuten kochen, bis alle Körner gar sind. Das Wasser abgießen, die Reismischung abschrecken und abtropfen lassen. In eine Salatschüssel füllen.

3. Für das Dressing alle Zutaten sowie das restliche Olivenöl in ein Schraubglas füllen. Salzen und pfeffern. Den Deckel aufsetzen und kräftig schütteln. Über die Reismischung träufeln und unterheben.

4. Das Ofengemüse auf der Reismischung verteilen und abkühlen lassen. Dann unterheben und mit den Rote-Bete-Blättern garnieren. Sofort servieren.

Pro Portion: *528 kcal / 19,2 g Fett / 2,5 g ges. Fettsäuren / 64,9 g Kohlenhydrate / 10,9 g Zucker / 10,1 g Ballaststoffe / 10,7 g Eiweiß / 0,4 g Salz*

Emmerrisotto mit Champignons

Herzhafter Emmer verleiht diesem Pilzrisotto den fein-nussigen Geschmack. Mit Knoblauch, Schalotten, aromatischem Thymian und etwas Spinat ist eine würzige, sättigende Mahlzeit ganz ohne Fleisch auf den Tisch gezaubert.

Für 4 Personen

Vorbereitung: 25 Minuten
Garzeit: 50–55 Minuten

175 g Emmer
2 EL Olivenöl
250 g kleine braune Champignons, geputzt
5 Schalotten, fein gehackt
4 Knoblauchzehen, fein gehackt
2 EL frische Thymianblätter
750 ml Gemüsebrühe
70 g Babyspinat, gewaschen und abgetropft
25 g Parmesan, frisch gerieben
Pfeffer
2 EL frisch gehackte glatte Petersilie, zum Garnieren
4 EL Naturjoghurt, zum Servieren

1. Wasser in einem großen Topf aufkochen. Den Emmer hineingeben und auf mittlerer Stufe 15 Minuten köcheln lassen. Dann abgießen und beiseitestellen.

2. Inzwischen die Hälfte des Olivenöls in eine große Pfanne geben. Die Champignons zugeben und 2–3 Minuten auf hoher Stufe braten, bis sie weich sind. Dann die Pilze aus der Pfanne nehmen und auf einem Teller beiseitestellen.

3. Das restliche Olivenöl in die Pfanne geben und Schalotten, Knoblauch und Thymian hineingeben. Die Hitze auf mittlere Stufe reduzieren und einige Minuten weiterdünsten, bis die Schalotten weich, aber noch nicht gebräunt sind.

Pro Portion: *303 kcal / 11.1 g Fett / 3 g ges. Fettsäuren / 43.6 g Kohlenhydrate / 3.6 g Zucker / 4.3 g Ballaststoffe / 10.7 g Eiweiß / 2.1 g Salz*

4. Den Emmer unter die Schalotten heben und die Gemüsebrühe in drei Portionen zugießen, dabei nach jeder Brühezugabe kräftig rühren. Auf niedriger Stufe unter gelegentlichem Rühren 30–35 Minuten köcheln lassen, bis der Emmer die Flüssigkeit fast ganz aufgenommen hat und weich, aber noch bissfest ist. Bei Bedarf etwas mehr Wasser zugießen.

5. Wenn der Emmer gar ist, die Champignons mit dem Spinat in die Pfanne geben. Den Spinat leicht zerfallen lassen, dann den Parmesan einrühren. Nach Geschmack mit Pfeffer würzen. Mit Petersilie und je 1 Esslöffel Naturjoghurt in Servierschalen anrichten.

Proteine mit Power

Pfeffersteak mit Ofengemüse

Magere Filetsteaks werden nur kurz angebraten, so bleiben sie saftig. Zum eiweißreichen Fleisch gesellt sich Ofengemüse mit einer feurigen argentinischen Chimichurri-Sauce – ideal für ein Abendessen am Wochenende mit Freunden oder Familie.

Für 4 Personen

Vorbereitung: 25–30 Minuten

Garzeit: 25–35 Minuten, plus Ruhen

Ofengemüse

750 g Butternusskürbis, grob gewürfelt
4 Knoblauchzehen, fein gehackt
4 große braune Champignons (Portobello-Pilze), in dicke Scheiben geschnitten
15 g frische Salbeiblätter, fein gehackt
2 EL Olivenöl

Chimichurri-Sauce

30 g glatte Petersilie
½ TL getrockneter Oregano
2 Knoblauchzehen
1 Schalotte, gehackt
¼ TL Chiliflocken
abgeriebene Schale und Saft von ½ Zitrone
2 EL Rotweinessig
2 EL Olivenöl
2 EL kaltes Wasser

Steaks

4 Rinderfiletsteaks (à 175 g)
2 EL Olivenöl, zum Bestreichen und Beträufeln
Salz und Pfeffer

1. Den Backofen auf 200 °C vorheizen. Kürbis, Knoblauch, Champignons und Salbei in einen großen Bräter geben. Mit dem Olivenöl beträufeln und alles gut vermengen. Nach Geschmack pfeffern und, falls gewünscht, salzen. 25–30 Minuten im vorgeheizten Ofen backen. Nach der Hälfte der Backzeit das Gemüse einmal wenden.

2. Inzwischen die Sauce zubereiten. Dafür alle Zutaten außer dem Wasser in eine Schüssel geben und in der Küchenmaschine oder mit dem Stabmixer zerkleinern. Das Wasser zugießen und die Sauce beiseitestellen.

Pro Portion: *527 kcal / 28.2 g Fett / 5.8 g ges. Fettsäuren / 29.6 g Kohlenhydrate / 6.2 g Zucker / 5 g Ballaststoffe / 44.2 g Eiweiß / 0.3 g Salz*

3. Die Steaks mit 1 Esslöffel Olivenöl bestreichen und nach Geschmack pfeffern. Falls gewünscht, salzen. Eine Grill- oder Bratpfanne auf hoher Stufe erhitzen und die Steaks hineingeben. Die Hitze auf mittlere Stufe reduzieren und von jeder Seite 2–3 Minuten medium anbraten, nach Geschmack auch länger. Die Steaks herausnehmen und vor dem Servieren kurz ruhen lassen.

4. Die Steaks in dicke Scheiben schneiden und auf dem Ofengemüse anrichten. Mit Chimichurri-Sauce und restlichem Olivenöl beträufeln.

Couscous-Salat mit Rote Bete & Hähnchen

Für 4 Personen

Vorbereitung: 35 Minuten
Garzeit: 20–25 Minuten

175 g Vollkorncouscous
175 g gegarte Rote Bete, gewürfelt
1 kleine rote Zwiebel, fein gehackt
125 g Cocktailtomaten, halbiert
1 Granatapfel, halbiert und Fruchtkerne herausgelöst
2 EL grob gehackte frische Minze
Saft von 1 Zitrone
1 EL Olivenöl
2 TL Tomatenmark
1 TL grob zerstoßene schwarze Pfefferkörner
500 g kleine Hähnchenbrustfilets, in Scheiben geschnitten
Salz und Pfeffer

Dressing

Saft von 1 Zitrone
2 EL Leinöl
1 EL Olivenöl
2 TL Tomatenmark

Couscous ist fettarm und cholesterinfrei, aber voller Ballaststoffe. Wenn man ihn mit einweißreicher Hähnchenbrust und nährstoffreicher Roter Bete kombiniert, wird er zu einer ausgewogenen Hauptmahlzeit, die so gut aussieht, wie sie schmeckt.

1. Den Couscous in eine hitzebeständige Salatschüssel geben. Knapp mit kochendem Wasser bedecken und zugedeckt 6–8 Minuten quellen lassen. Rote Bete, Zwiebel, Tomaten und Granatapfelkerne zufügen.

2. Für das Dressing alle Zutaten in ein Schraubglas füllen. Salzen und pfeffern, den Deckel aufsetzen und kräftig schütteln. Das Dressing über den Salat träufeln und die Minze zufügen.

3. Zitronensaft, Olivenöl und Tomatenmark mit dem Pfeffer in einen sauberen Gefrierbeutel geben, zudrehen und kräftig schütteln. Das Hähnchenfleisch hineingeben, den Beutel schließen und schütteln, bis das Fleisch gleichmäßig überzogen ist.

4. Eine Grillpfanne stark erhitzen. Die Fleischscheiben darin, gegebenenfalls portionsweise, 10 Minuten unter ein- bis zweimaligem Wenden braten, bis sie gar sind. Zur Probe ein Fleischstück durchschneiden; es darf in der Mitte nicht mehr rosa sein, und der austretende Fleischsaft muss klar sein. Auf dem Salat anrichten und sofort servieren.

Pro Portion: *503 kcal / 18,9 g Fett / 2,3 g ges. Fettsäuren / 51,4 g Kohlenhydrate / 10,2 g Zucker / 7,7 g Ballaststoffe / 36,2 g Eiweiß / 0,4 g Salz*

Schweinebraten mit Ingweräpfeln

Für 4 Personen

Vorbereitung: 25 Minuten, plus Marinieren über Nacht
Garzeit: 55 Minuten, plus Ruhen

2 Knoblauchzehen, zerdrückt
4 EL Rotwein
2 EL brauner Zucker
1 EL Sojasauce
1 TL Sesamöl
½ TL Zimt
¼ TL gemahlene Gewürznelke
1 Sternanisfrucht, zerkleinert
½ TL Pfeffer
350 g Schweinefilet
400 gekochte grüne Bohnen, zum Servieren

Ingweräpfel

4 Kochäpfel (z. B. Cox Orange oder Boskop), entkernt und in mundgerechte Stücke geschnitten
1 EL Reisweinessig
1 EL brauner Zucker
4 EL Apfelsaft
1 EL frisch gehackter Ingwer

Herzhaft mariniertes mageres Schweinefilet verbindet sich mit der feinen Säure selbst gekochter Ingweräpfel zu einem aparten Genuss. Frischer Ingwer schmeckt nicht nur aromatisch, sondern hilft auch der Verdauung.

1. In einer großen Schüssel Knoblauch, Rotwein, braunen Zucker, Sojasauce, Sesamöl, Zimt, Nelke, Sternanis und Pfeffer verrühren. Das Schweinefleisch darin wenden. Abgedeckt über Nacht in den Kühlschrank stellen.

2. Den Backofen auf 190 °C vorheizen. Eine beschichtete Pfanne auf hoher Stufe erhitzen. Das Schweinefilet aus der Marinade nehmen und in der Pfanne scharf anbraten. 8 Minuten weiterbraten, bis es von allen Seiten gebräunt ist. Das Fleisch in eine Auflaufform geben und mit der Hälfte der Marinade beträufeln. 15 Minuten im vorgeheizten Ofen garen.

3. Den Braten wenden, die restliche Marinade darübergeben und 30 Minuten weitergaren, bis beim Gartest mit einem spitzen Messer kein rosa Fleisch mehr in der Mitte zu sehen ist.

4. Inzwischen die Ingweräpfel zubereiten. Dafür alle Zutaten in einem Topf verrühren und auf mittlerer Stufe erhitzen, bis die Flüssigkeit zu kochen beginnt. Dann die Hitze auf sehr niedrige Stufe reduzieren und unter gelegentlichem Rühren 20 Minuten köcheln lassen, bis die Äpfel weich sind.

5. Den Schweinebraten aus dem Ofen nehmen und 5 Minuten ruhen lassen. Danach in Scheiben schneiden und mit Ingweräpfeln und Bohnen servieren.

Pro Portion: *324 kcal / 3.6 g Fett / 0.8 g ges. Fettsäuren / 53.4 g Kohlenhydrate / 37.4 g Zucker / 9 g Ballaststoffe / 20.7 g Eiweiß / 1.1 g Salz*

Thunfisch mit Pak Choi & Sobanudeln

In diesem stilecht japanischen Dinner für zwei gesellen sich zu herrlichen Thunfischsteaks vitaminreicher Pak-Choi-Kohl und glutenfreie Sobanudeln aus Buchweizen.

Für 2 Personen

Vorbereitung: 20–25 Minuten
Garzeit: 20 Minuten

400 g Pak Choi
115 g Sobanudeln
2 Thunfischsteaks (à 175 g), 1,5 cm dick
2 EL Erdnussöl, plus etwas mehr zum Bestreichen
2 Scheiben frische Ingwerwurzel, in feine Stifte geschnitten
½–1 frischer roter Chili, entkernt und in dünne Ringe geschnitten
4 Frühlingszwiebeln mit grünem Teil, diagonal in dicke Stücke geschnitten
140 g Edamame, Tiefkühlware aufgetaut
1 Spritzer Limettensaft
3 EL frisch gehackter Koriander
Salz und Pfeffer

1. Die Pak-Choi-Stiele in mundgerechte Stücke, die Blätter in breite Streifen schneiden.

2. Die Nudeln 5–6 Minuten kochen, bis sie al dente sind. Die Nudeln in ein Sieb abgießen, dabei das Kochwasser auffangen. Das Kochwasser wieder in den Topf geben und auf kleiner Stufe warm halten.

3. In der Zwischenzeit die Thunfischsteaks dritteln. Mit etwas Öl bestreichen und mit Salz und Pfeffer würzen. Eine Grillpfanne auf mittlerer bis hoher Stufe erhitzen. Den Thunfisch darin 2–2½ Minuten von jeder Seite braten. Auf einen Teller legen und warm halten.

4. Das Öl auf mittlerer Stufe in einem Wok erhitzen und Ingwerwurzel, Chili und Frühlingszwiebeln einige Sekunden darin anbraten.

5. Pak-Choi-Stiele und Sojabohnen zufügen und weitere 3 Minuten braten. Die Blätter zufügen und 1 Minute weitergaren. Limettensaft und Koriander zugeben und mit Salz und Pfeffer würzen.

6. Die Nudeln im Kochwasser erwärmen und abgießen. Auf zwei Teller verteilen, das Gemüse dazugeben und den Thunfisch darauf anrichten. Sofort servieren.

Pro Portion: *717 kcal / 27,2 g Fett / 4,2 g ges. Fettsäuren / 53,2 g Kohlenhydrate / 7,1 g Zucker / 7,4 g Ballaststoffe / 63,8 g Eiweiß / 1,8 g Salz*

Tintenfisch mit Safran-Aioli

Für 2 Personen

Vorbereitung: 30–35 Minuten, plus Einweichen und Kühlen
Garzeit: 14–16 Minuten

500 g ganze kleine Tintenfische, küchenfertig ausgenommen und gesäubert
3 EL Maismehl
Pflanzenöl, zum Ausbacken
Salz und Pfeffer
2 Zitronenspalten, zum Servieren (nach Belieben)

Aioli

1 kleine Prise Safranfäden
1 TL lauwarmes Wasser
3 EL Mayonnaise
½ kleine Knoblauchzehe, fein gehackt

Salat

1 roter Chicorée, zerteilt
25 g Brunnenkresse
10 g Parmesan, frisch gehobelt
Saft von ¼ Zitrone
1 EL natives Olivenöl extra

Frischer Tintenfisch ist eine reichhaltige Quelle für Eiweiß, Vitamine und Mineralstoffe. Hier wird er frittiert und mit Aioli und einem einfachen Salat serviert – eine wunderbar stärkende Mahlzeit für zwei.

1. Für die Aioli den Safran mit dem Wasser in eine Schale geben und 5 Minuten unter gelegentlichem Rühren einweichen, um die Aromen herauszulösen. Inzwischen Mayonnaise und Knoblauch in einer Schale verrühren. Wenn das Safranwasser kräftig gelb ist, die Safranfäden herausnehmen und das Wasser in die Mayonnaise rühren. Auf zwei Servierschälchen verteilen und abgedeckt im Kühlschrank ziehen lassen.

2. Für den Salat Chicorée und Brunnenkresse in einer Schüssel vermengen und mit dem Parmesan bestreuen. Zitronensaft und Öl in einem Kännchen mit einer Gabel zu einem Dressing verquirlen.

3. Die Tintenfischtuben in 1 cm breite Ringe schneiden. Die Tentakel halbieren. Unter fließend kaltem Wasser abspülen und mit Küchenpapier trocken tupfen. Das Maismehl auf einen Teller geben und großzügig mit Salz und Pfeffer würzen. Die Tintenfischstücke darin wenden.

4. Reichlich Öl in einem hohen, schweren Topf erhitzen. Die richtige Temperatur ist erreicht, wenn ein kleiner Brotwürfel in etwa 30 Sekunden goldbraun ist.

5. Die Tintenfischstücke in zwei Portionen (damit die Öltemperatur nicht zu stark abfällt) 2–3 Minuten frittieren, bis sie goldbraun sind.

6. Mit einem Schaumlöffel aus dem heißen Fett nehmen und auf Küchenpapier abtropfen lassen. Im Backofen warm halten und die zweite Portion genauso zubereiten.

7. Die Tintenfischstücke mit Salz und Pfeffer würzen. Den Salat mit dem Dressing vermengen. Den Tintenfisch sofort mit Salat, Aioli und, falls gewünscht, Zitronenspalten servieren.

Pro Portion: *626 kcal / 38.4 g Fett / 7 g ges. Fettsäuren / 34.9 g Kohlenhydrate / 1.6 g Zucker / 1.8 g Ballaststoffe / 33.8 g Eiweiß / 0.8 g Salz*

Pikanter Puten-eintopf mit Couscous

Genau das Richtige für einen kalten Wintertag: Dieser wärmende Vollwerteintopf mit magerem Putenfleisch und rotem Gemüse voller Antioxidantien lädt alle Batterien wieder auf. Frische Gartenkräuter verleihen ihm den nötigen Pfiff.

Für 4 Personen

Vorbereitung: 25 Minuten
Garzeit: 25 Minuten

1 EL natives Olivenöl extra
500 g Putenbrustfilet, in 1,5 cm große Würfel geschnitten
1 Zwiebel, grob gehackt
2 Knoblauchzehen, fein gehackt
1 rote und 1 orange Paprika, grob gehackt
500 g Tomaten, grob gehackt
1 TL Kreuzkümmelsamen, grob zerstoßen
1 TL Paprikapulver
fein abgeriebene Schale und Saft von 1 Zitrone
Salz und Pfeffer

Zum Servieren

200 g Vollkorncouscous
2 EL frisch gehackte glatte Petersilie
2 EL frisch gehackter Koriander

1. Das Öl in einer großen Pfanne auf mittlerer Stufe erhitzen. Erst das Putenfleisch, dann die Zwiebel hineingeben. Unter Rühren 5 Minuten braten, bis das Putenfleisch goldbraun ist.

2. Knoblauch, Paprika und Tomaten zugeben, dann Kreuzkümmel und Paprikapulver einrühren. Den Zitronensaft zugießen und alles mit Salz und Pfeffer bestreuen. Gut umrühren, abdecken und unter gelegentlichem Rühren 20 Minuten garen.

3. Inzwischen einen Topf zur Hälfte mit Wasser füllen. Das Wasser zum Kochen bringen und den Couscous darin nach Packungsangabe garen. In einem Sieb gut abtropfen lassen.

4. Den Couscous auf Teller verteilen, darauf den Puteneintopf anrichten. Petersilie und Koriander mit der Zitronenschale mischen, dann die Teller damit bestreuen und servieren.

Pro Portion: *433 kcal / 6.6 g Fett / 0.8 g ges. Fettsäuren / 55.5 g Kohlenhydrate / 8.4 g Zucker / 9.1 g Ballaststoffe / 41.9 g Eiweiß / 0.2 g Salz*

Ingwerlachs mit grünem Gemüse

Grünkohl enthält viele Vitamine, besonders Vitamin C. Im Duett mit gehaltvollen Lachsfilets und Brokkoli entsteht eine Köstlichkeit voller gesunder Nährstoffe.

Für 4 Personen

Vorbereitung: 20 Minuten
Garzeit: 10 Minuten

4 Lachsfilets (à 150 g), ohne Haut
5-cm-Stück frische Ingwerwurzel, fein gehackt
3 Knoblauchzehen, fein gehackt
1 frischer roter Chili, entkernt und fein gehackt
3 EL Sojasauce
200 g Brokkoli, in kleine Röschen zerteilt
6 EL Wasser
1 EL Sonnenblumenöl
1 großer Porree, in Ringe geschnitten
115 g Grünkohl, in feine Streifen geschnitten
2 EL Reiswein
Saft von 1 Orange

1. Den Backofengrill vorheizen und den Boden einer Grillpfanne mit Alufolie belegen. Die Ränder nach oben schlagen, sodass eine Schale entsteht. Die Lachsfilets hineinlegen und mit je der Hälfte von Ingwer, Knoblauch und Chili bestreuen. Mit 1 Esslöffel Sojasauce beträufeln. Unter einmaligem Wenden 8–10 Minuten grillen, bis das Fleisch goldbraun ist und sich leicht mit einem Messer zerteilen lässt.

2. Inzwischen Brokkoli und Wasser in einen Wok oder eine große Pfanne geben, einen Deckel aufsetzen und bei mittlerer bis starker Hitze 3–4 Minuten knackig gar dünsten. Das Kochwasser abgießen.

3. Das Öl in den Wok geben und die Hitze erhöhen. Porree, Grünkohl und restlichen Ingwer, Knoblauch und Chili im heißen Fett 2–3 Minuten rührbraten, bis der Kohl zusammenfällt.

4. Restliche Sojasauce, Reiswein und Orangensaft unterrühren und 1 weitere Minute garen. Auf vier Servierteller verteilen. Den Lachs in mundgerechte Stücke teilen und auf dem Gemüse anrichten. Sofort servieren.

Pro Portion: *416 kcal / 24.1 g Fett / 5 g ges. Fettsäuren / 15.3 g Kohlenhydrate / 5.1 g Zucker / 2.7 g Ballaststoffe / 34.6 g Eiweiß / 1.9 g Salz*

Kohlrouladen

Für 4 Personen

Vorbereitung: 25 Minuten
Garzeit: 1 Stunde

1 EL Olivenöl
15 g Butter
400 g gehackte Tomaten aus der Dose
425 ml Hühner- oder Gemüsebrühe
1 große Zwiebel, gerieben
8 große Wirsingkohlblätter, dicke Blattrippen entfernt
300 g mageres Schweinefleisch, durch den Fleischwolf gedreht
100 g frisch gekochter Reis
fein abgeriebene Schale von 1 Zitrone
2 TL Paprikapulver
½ TL Dillsaat oder Kümmelsamen
1 Ei, leicht verquirlt
Salz und Pfeffer
frisch gehackter Dill, zum Garnieren

Paprika und Dill oder Kümmel verleihen dem eiweißreichen Schweinefleisch in dieser Kohlrouladenfüllung ein unwiderstehliches Aroma. Dazu passt geröstetes Baguette.

1. Öl und Butter in einer großen Pfanne erhitzen. Tomaten, Brühe und geriebene Zwiebel bis auf 2 Esslöffel zufügen. Mit Salz und Pfeffer würzen. Aufkochen, dann die Hitze reduzieren. Weiterköcheln, während der Wirsing vorbereitet wird.

2. Die Kohlblätter in einem großen Topf mit kochendem Wasser 2 Minuten blanchieren. Abgießen, abspülen und trocken tupfen.

3. Schweinemett, Reis, abgeriebene Zitronenschale, Paprika, Dillsaat, Ei und restliche Zwiebel vermengen. ¾ Teelöffel Salz und ¼ Teelöffel Pfeffer zufügen und sorgfältig mischen. Die Füllung auf die Wirsingblätter verteilen und darin aufrollen.

4. Die Rouladen mit den offenen Enden nach unten in die Sauce legen. Den Deckel auflegen und die Rouladen auf kleiner Stufe 45 Minuten kochen, bis sie gar sind.

5. Mit frisch gehacktem Dill bestreuen und sofort servieren.

Pro Portion: *369 kcal / 24.8 g Fett / 9 g ges. Fettsäuren / 19.7 g Kohlenhydrate / 6.6 g Zucker / 4 g Ballaststoffe / 18.3 g Eiweiß / 1.2 g Salz*

Ochsenbrust mit Limabohnenmus

Ein wärmendes und nährendes Eintopfgericht aus herrlich zartem Ochsenfleisch in einer aromatischen Kräuterbrühe. Mit einem würzigen Mus aus Limabohnen serviert, macht es die langen Winterabende zum Genuss.

Für 6 Personen

Vorbereitung: 30 Minuten
Garzeit: 4¼–4¾ Stunden

2 EL Olivenöl
1,6 kg Ochsenbrust
4 Zwiebeln, in Ringe geschnitten
2 Knoblauchzehen, zerdrückt
1 EL Tomatenmark
1 kg vollreife Tomaten, geviertelt
750 ml Rinderbrühe
Salz und Pfeffer
2 EL frisch gehackte Petersilie, zum Garnieren

Limabohnenmus

1 EL Olivenöl
3 Schalotten, fein gehackt
3 Knoblauchzehen, in feine Scheiben geschnitten
1 frischer Zweig Rosmarin, fein gehackt
800 g Limabohnen aus der Dose, abgespült und abgetropft
abgeriebene Schale und Saft von 1 Zitrone
Salz und Pfeffer

1. Das Olivenöl in einen Schmortopf mit 6 Litern Fassungsvermögen geben und auf hoher Stufe erhitzen. Die Ochsenbrust darin von allen Seiten anbräunen. Das Fleisch herausnehmen und beiseitestellen. Die Hitze etwas reduzieren und Zwiebeln und Knoblauch zugeben. 4–5 Minuten dünsten, bis sie weich sind. Dann das Tomatenmark einrühren. Die Tomatenviertel zugeben und weitere 1–2 Minuten garen.

2. Die Ochsenbrust mittig in den Topf zurücksetzen und die Rinderbrühe darübergießen. Nach Geschmack salzen und pfeffern.

3. Die Hitze auf niedrige Stufe reduzieren. Den Deckel leicht schräg auf den Topf auflegen, sodass noch ein wenig Dampf entweichen kann. 4–4½ Stunden köcheln lassen, dabei immer wieder umrühren, damit nichts anbrennt. Wenn die Mischung zu trocken wird, etwas kaltes Wasser zugießen. Am Ende sollte das Fleisch so zart sein, dass es sich leicht mit einer Gabel zerteilen lässt.

4. Inzwischen das Limabohnenmus zubereiten. Dafür das Öl in einer großen Pfanne erhitzen und Schalotten, Knoblauch und Rosmarin darin 3–4 Minuten andünsten, bis die Schalotten weich werden. Die abgetropften Limabohnen zusammen mit 200 ml Wasser einrühren. Auf mittlerer Stufe aufkochen und auf niedriger Stufe 5 Minuten köcheln lassen, bis die Bohnen weich sind. Dann die Bohnen vorsichtig mit einer Gabel zerdrücken, dabei Zitronensaft und -schale einrühren. Salzen und pfeffern.

5. Die Ochsenbrust in sechs Servierschalen auf dem Limabohnenmus anrichten und mit Petersilie garnieren.

Pro Portion: *668 kcal / 33.1 g Fett / 11 g ges. Fettsäuren / 30.4 g Kohlenhydrate / 9.2 g Zucker / 7.9 g Ballaststoffe / 62.9 g Eiweiß / 1.8 g Salz*

Jerk-Hähnchen mit Papaya-Avocado-Salsa

Für 4 Personen

Vorbereitung: 35 Minuten
Garzeit: 30–35 Minuten

1 kg kleine Hähnchenunterkeulen, ohne Haut
1 EL Olivenöl
1 Romanasalat, zerteilt (nach Belieben)
85 g Babyspinat, gewaschen und abgetropft (nach Belieben)

Gewürzmischung

1 TL zerstoßene Pimentkörner
1 TL zerstoßene Koriandersamen
1 TL Paprikapulver edelsüß
¼ TL frisch geriebene Muskatnuss
1 EL frische Thymianblätter
1 EL grob zerstoßene schwarze Pfefferkörner
1 Prise Salz

Salsa

1 Papaya, geschält, halbiert, entkernt und gewürfelt
2 große Avocados, gewürfelt
fein abgeriebene Schale und Saft von 1 Limette
½ frischer roter Chili, entkernt und fein gehackt
½ rote Zwiebel, fein gehackt
15 g frischer Koriander, fein gehackt
2 TL Chiasamen

Jerk ist eine aus der kreolischen Küche stammende Würzmischung, die aus diesen Hähnchenkeulen einen feurigen Gaumenkitzel zaubert. Nährstoffreiche Obst-Salsa und Chiasamen machen die gluten- und milchfreie Mahlzeit perfekt.

1. Den Backofen auf 200 °C vorheizen. Für die Gewürzmischung alle Zutaten in einer Schale vermengen.

2. Die Hähnchenunterkeulen zwei- bis dreimal einschneiden. In eine Bratform geben, mit dem Öl beträufeln und mit der Gewürzmischung einreiben. Die Hähnchenkeulen im vorgeheizten Ofen 30–35 Minuten knusprig braun braten. Zur Probe das Fleisch einstechen; wenn der austretende Saft klar ist, ist das Fleisch durchgegart.

3. Inzwischen für die Salsa Papaya und Avocados in einer Schale vermengen. Limettenschale und -saft, Chili, Zwiebel, Koriander und Chiasamen untermischen.

4. Salat und Spinat, falls verwendet, mischen. Zu den Keulen und der Salsa reichen.

Pro Portion: *382 kcal / 23,7 g Fett / 3,9 g ges. Fettsäuren / 20,3 g Kohlenhydrate / 5,8 g Zucker / 9,9 g Ballaststoffe / 25,8 g Eiweiß / 1,2 g Salz*

Jakobsmuscheln mit Erbsenpüree

Für 4 Personen

Vorbereitung: 25 Minuten
Garzeit: 12–14 Minuten

500 g Erbsen, Tiefkühlware aufgetaut
30 g frische Minzeblätter, grob gehackt
150 g Butter
12 große Jakobsmuscheln, nach Möglichkeit mit Corail (Rogen), ausgelöst
Salz und Pfeffer

Tiefkühlerbsen und frische Jakobsmuscheln machen diese verführerisch leichte kleine Mahlzeit zur reinsten Proteinquelle.

1. Wasser in einem großen Topf aufkochen und die Erbsen zugeben. Wieder zum Kochen bringen und 3 Minuten köcheln lassen. Die Erbsen abgießen und mit Minze und 100 g Butter in die Küchenmaschine oder den Standmixer geben. Nach Geschmack salzen.

2. Alles zu einem glatten Püree verarbeiten, dafür bei Bedarf etwas heißes Wasser zugießen. Abgedeckt warm stellen.

3. Die Jakobsmuscheln trocken tupfen und nach Geschmack salzen und pfeffern. Restliche Butter in einer großen Pfanne auf hoher Stufe erhitzen. Wenn die Butter zu rauchen beginnt, die Jakobsmuscheln hineingeben und von jeder Seite 1–2 Minuten scharf anbraten. Außen sollten die Muscheln knusprig gebräunt, innen noch glasig sein. Dann die Pfanne vom Herd nehmen.

4. Das Erbsenpüree auf vier Servierteller verteilen und jeweils drei Jakobsmuscheln darauf anrichten. Sofort servieren.

Pro Portion: *429 kcal / 31.3 g Fett / 19.4 g ges. Fettsäuren / 19.5 g Kohlenhydrate / 8.1 g Zucker / 6.1 g Ballaststoffe / 19.8 g Eiweiß / 1.3 g Salz*

Wokgemüse mit Rindfleisch

Dieses appetitliche Wokgericht voller frischer und gesunder Zutaten ist im Handumdrehen fertig. Chinesische Nudeln oder Naturreis eignen sich besonders gut als Beilage.

Für 2 Personen

Vorbereitung: 20 Minuten
Garzeit: 10 Minuten

2 TL Olivenöl
140 g Rindersteak, pariert, in feine Streifen geschnitten
1 orange Paprika, in feine Streifen geschnitten
4 Frühlingszwiebeln, fein gehackt
1–2 frische Jalapeño-Chilis, entkernt und in feine Streifen geschnitten
2 Knoblauchzehen, fein gehackt
115 g Zuckererbsen, schräg halbiert
115 g große Champignons, in Scheiben geschnitten
2 TL Hoisin-Sauce
1 EL Orangensaft
85 g Rucola oder Brunnenkresse
4 EL süße Chilisauce, zum Servieren (nach Belieben)

1. Das Öl 30 Sekunden in einem Wok erhitzen. Das Rindfleisch darin bei mittlerer bis starker Hitze 1 Minute unter Rühren anbräunen. Mit einem Schaumlöffel auf einen Teller heben.

2. Paprika, Frühlingszwiebeln, Chilis und Knoblauch in den Wok geben und 2 Minuten rührbraten. Zuckererbsen und Pilze zufügen und 2 Minuten mitbraten.

3. Das Fleisch wieder in den Wok geben. Hoisin-Sauce und Orangensaft zugießen und 2–3 Minuten rührbraten, bis das Fleisch gegart und das Gemüse knackig ist. Den Rucola untermischen und zusammenfallen lassen. Sofort, nach Belieben mit Chilisauce, servieren.

Pro Portion: *359 kcal / 16.4 g Fett / 2.6 g ges. Fettsäuren / 34.1 g Kohlenhydrate / 24 g Zucker / 5.3 g Ballaststoffe / 21.9 g Eiweiß / 1.4 g Salz*

Seeteufel in Parmaschinken & Pesto mit Ricotta-Spinat

Für 4 Personen

Vorbereitung: 30–35 Minuten
Garzeit: 25–30 Minuten

8 Scheiben Parmaschinken
3 EL frischer Pesto
8 große frische Basilikumblätter
600 g Seeteufel, längs in 2 Filets geteilt
1 EL Olivenöl

Ricotta-Spinat

2 EL Olivenöl
1 Knoblauchzehe, in feine Scheiben geschnitten
150 g Babyspinat
150 g Ricotta
Salz und Pfeffer

Dieser sensationell saftige Seeteufel in Parmaschinken macht jedes Abendessen zu einem kulinarischen Höhepunkt. Dazu gibt es vitaminreichen Spinat und frischen Ricotta – Ihre Gäste werden staunen.

1. Den Backofen auf 180 °C vorheizen. Ein großes Stück Frischhaltefolie auf einer Arbeitsfläche ausbreiten. Die Schinkenscheiben längs nebeneinander so darauflegen, dass sie 1 cm überlappen. Den Pesto darauf verstreichen, dabei einen 2 cm breiten Rand frei lassen. Das Basilikum darauf verteilen.

2. Ein Seeteufelfilet in die Mitte legen. Das zweite Filet in entgegengesetzter Richtung anlegen, sodass das dicke Ende des einen Filets am dünnen des anderen liegt.

3. Den Schinken darüberschlagen und mithilfe der Frischhaltefolie fest aufrollen. Die Frischhaltefolie entfernen. Die Seeteufelrolle mit der Naht nach unten in eine Bratform setzen. Mit dem Öl beträufeln und im vorgeheizten Ofen 20–25 Minuten garen. Zum Warmhalten die Form mit Alufolie abdecken.

4. Für den Ricotta-Spinat das Öl in einer großen Pfanne erhitzen. Den Knoblauch darin bei mittlerer bis starker Hitze 30 Sekunden anbraten. Den Spinat zufügen und unter Rühren 1 Minute andünsten, bis die Blätter leicht zusammenfallen. In eine Servierschale füllen und den Ricotta in kleinen Portionen daraufsetzen. Mit Salz und Pfeffer würzen.

5. Den Fisch auf eine Servierplatte heben und in Scheiben schneiden. Mit dem Bratensaft überziehen. Anschließend sofort mit dem Ricotta-Spinat servieren.

Pro Portion: *372 kcal / 25.1 g Fett / 5.7 g ges. Fettsäuren / 2.5 g Kohlenhydrate / 0.2 g Zucker / 1.1 g Ballaststoffe / 33.4 g Eiweiß / 1.6 g Salz*

Spaghetti mit Lamm-Spinat-Klößchen

Für 4 Personen

Vorbereitung: 25–30 Minuten
Garzeit: 1 Stunde

Lammklößchen

500 g mageres Lammhackfleisch
30 g frische Semmelbrösel
70 g gehackter Spinat, Tiefkühlware aufgetaut
1 EL getrockneter Oregano
1 TL gemahlener Kreuzkümmel
1 EL Olivenöl, plus bei Bedarf etwas mehr zum Braten

Tomatensauce

4 Schalotten, fein gehackt
4 Knoblauchzehen, fein gehackt
25 g frisches Basilikum, grob gehackt
1 EL Tomatenmark
800 g Tomaten, Stielansätze entfernt und grob gehackt
150 ml Gemüsebrühe
2 EL Rotweinessig
400 g Vollkornspaghetti
Salz und Pfeffer
1 EL frisch gehacktes Basilikum, zum Garnieren

Kreuzkümmel und aromatischer Oregano verleihen diesen saftigen Klößchen einen Hauch von Mittelmeerküche. Mit selbst gemachter Tomatensauce zu ballaststoffreichen Vollkornspaghetti gereicht, sind sie ein echtes Highlight im Familienspeiseplan.

1. Für die Lammklößchen Hackfleisch, Semmelbrösel, Spinat, Oregano und Kreuzkümmel in eine große Schüssel geben. Mit angefeuchteten Händen vorsichtig vermengen und die Masse zu 12 runden Klößchen formen.

2. Das Olivenöl in einer Pfanne auf mittlerer bis hoher Stufe erhitzen. Die Lammklößchen portionsweise zugeben und darin einige Minuten anbraten, bis sie rundum gebräunt sind. Dann aus der Pfanne nehmen und beiseitestellen.

3. Für die Sauce Schalotten und Knoblauch in die gleiche Pfanne geben und garen. Bei Bedarf mehr Öl zugeben und weitergaren, bis die Zwiebelmischung karamellisiert. Die Hitze auf mittlere Stufe reduzieren, Basilikum und Tomatenmark einrühren und 1 weitere Minute garen. Die gehackten Tomaten zugeben und 5–6 Minuten rühren, bis die Tomatenstücke zerfallen.

4. Gemüsebrühe und Rotweinessig zugießen und ohne Deckel 25 Minuten auf niedriger Stufe köcheln lassen, bis die Sauce eindickt. Die Lammklößchen wieder in die Pfanne geben und alles 12–15 Minuten garen. Nach Geschmack salzen und pfeffern.

5. Inzwischen die Spaghetti in einem Topf mit köchelndem Wasser 12–14 Minuten garen, bis sie al dente sind. Abgießen und auf vier Servierschalen verteilen. Die Lammklößchen mit der Sauce darauf anrichten und mit dem frisch gehackten Basilikum garnieren.

Pro Portion: *782 kcal / 31 g Fett / 13,7 g ges. Fettsäuren / 94,2 g Kohlenhydrate / 11,2 g Zucker / 12 g Ballaststoffe / 39,9 g Eiweiß / 0,7 g Salz*

Linsensalat mit Krebsfleisch

Brokkolini (Spargelbrokkoli) bietet viel Vitamin C und wird hier im Team mit eiweißreichen Linsen und Krebsfleisch zu einem sensationellen Salat. Dieser kraftvolle Energiespender ist ideal für eine Mittagspause zu zweit.

Für 2 Personen

Vorbereitung: 25 Minuten
Garzeit: 5 Minuten

200 g Brokkolini (Spargelbrokkoli), große Strünke halbiert
200 g Puy-Linsen, gekocht
abgeriebene Schale von 1 großen Zitrone
3 EL grob gehackte, frische glatte Petersilie, plus etwas mehr zum Garnieren
2 EL frisch gehackter Dill, plus etwas mehr zum Garnieren
40 g Rucola
225 g Krebsfleisch aus der Dose
Salz und Pfeffer

Dressing

Saft von 1 großen Zitrone
2 EL Olivenöl
3 EL Naturjoghurt
2–3 EL warmes Wasser

1. Wasser in einem Topf aufkochen, auf mittlere Stufe herunterschalten und die Brokkolini zugeben. 4–5 Minuten blanchieren, bis sie weich sind. Dann sofort unter fließend kaltem Wasser abspülen und beiseitestellen.

2. In einer großen Schüssel Brokkolini, Puy-Linsen, Zitronenschale, Petersilie und Dill vermengen. Nach Geschmack salzen und pfeffern.

3. Für das Dressing Zitronensaft, Olivenöl und Joghurt in ein Schraubglas geben. Den Deckel aufsetzen und kräftig schütteln. Bei Bedarf mit etwas Wasser verdünnen.

4. Das Dressing über den Salat geben. Rucola und Krebsfleisch zugeben und behutsam vermengen. Den Salat in eine Servierschüssel geben, mit Petersilie und Dill garnieren und sofort servieren.

Pro Portion: *390 kcal / 15,9 g Fett / 2,5 g ges. Fettsäuren / 30,4 g Kohlenhydrate / 5,6 g Zucker / 11,9 g Ballaststoffe / 34,3 g Eiweiß / 2,4 g Salz*

Hähnchen auf Rote-Bete-Taboulé mit Granatapfel

Für 4 Personen

Vorbereitung: 25–30 Minuten
Garzeit: 30–35 Minuten

225 g Weizenkörner
4 rohe Rote Beten (etwa 350 g), gewürfelt
500 g Hähnchenbrustfilet, in feine Streifen geschnitten
1 kleine rote Zwiebel, in feine Ringe geschnitten
200 g Cocktailtomaten, halbiert
Fruchtkerne von 1 Granatapfel
2 EL frisch gehackte Minze
70 g Babyspinat, gewaschen und abgetropft
Salz und Pfeffer

Dressing

Saft von 1 Zitrone
4 EL natives Olivenöl extra
2 Knoblauchzehen, fein gehackt
1 TL heller Muskovado-Zucker

Dieses köstliche Taboulé überzeugt mit Zutaten zum Wohlfühlen: Hähnchen, Rote Bete und Granatapfelkerne ergeben eine fruchtige Gaumenfreude.

1. Einen Dämpftopf zur Hälfte mit Wasser füllen, dieses zum Kochen bringen und die Weizenkörner hineingeben. Den Dämpfeinsatz im Topf platzieren und die Rote-Bete-Würfel hineinlegen. Abdecken und alles 20–25 Minuten garen, bis Gemüse und Weizen weich sind. Den Dämpfeinsatz herausnehmen, alles abgießen und abtropfen lassen.

2. Inzwischen für das Dressing Zitronensaft, Öl, Knoblauch und Zucker in ein Schraubglas geben. Salzen und pfeffern, dann den Deckel aufsetzen und die Mischung schütteln.

3. Das Hähnchenfleisch in eine Schüssel geben. Die Hälfte des Dressings darübergießen und gut unterheben. Eine Grillpfanne auf mittlerer Stufe erhitzen und das Fleisch darin 8–10 Minuten goldbraun braten, dabei ein- bis zweimal umrühren. Einen dickeren Fleischstreifen durchschneiden, um sicherzustellen, dass das Fleisch gar ist. Der austretende Fleischsaft sollte kochend heiß und klar sein.

4. Rote Zwiebel, Tomaten und Granatapfelkerne in eine große flache Schüssel geben. Weizenkörner, Rote-Bete-Würfel und Minze unterheben. Den Spinat auf vier Teller verteilen, die Weizenkörnermischung darüberlöffeln und die Hähnchenstreifen daraufgeben. Das restliche Dressing in ein Kännchen füllen und alles sofort servieren.

Pro Portion: *562 kcal / 18.1 g Fett / 2.6 g ges. Fettsäuren / 64.9 g Kohlenhydrate / 12.8 g Zucker / 13.4 g Ballaststoffe / 38.2 g Eiweiß / 0.5 g Salz*

Thunfisch-Wasabi-Burger

Diese fernöstliche Burger-Variante mit frischem Thunfisch und scharfem Wasabi tut der Gesundheit tatsächlich gut. Statt Hamburgerbrötchen wird hier geröstete Vollkorn-Ciabatta verwendet. Pfeffrige Brunnenkresse und nach japanischer Art eingelegtes Gemüse ergänzen die Köstlichkeit.

Für 4 Personen

Vorbereitung: 35 Minuten, plus Auskühlen, Einlegen und Kühlen
Garzeit: 20 Minuten

Eingelegtes Gemüse

4 EL Reisweinessig
1 EL Rohrzucker
125 ml Wasser
½ TL zerstoßene Koriandersamen
½ TL Senfsaat
½ Salatgurke, in dünne Scheiben geschnitten
2 Karotten, in dünne Stifte geschnitten
6 Radieschen, in dünne Scheiben geschnitten
3 Schalotten, in dünne Ringe geschnitten

Thunfisch-Burger

450 g Thunfischsteak
25 g frischer Koriander, fein gehackt
abgeriebene Schale und Saft von 1 Limette
2 TL Wasabipaste
4 Frühlingszwiebeln, fein gehackt
4 EL Mayonnaise
4 Scheiben Vollkorn-Ciabatta
1 EL Olivenöl, zum Bestreichen
100 g Brunnenkresse

1. Für das eingelegte Gemüse Essig und Zucker mit dem Wasser in einem kleinen Topf auf hoher Stufe erhitzen und rühren, bis sich der Zucker aufgelöst hat. Dann vom Herd nehmen und Koriander und Senfsaat zugeben. Gurke, Karotten, Radieschen und Schalotten in eine kleine Schüssel oder ein sterilisiertes Schraubglas füllen. Den Essigsud darübergießen und mindestens 4 Stunden marinieren, besser über Nacht.

2. Für die Thunfisch-Burger die Thunfischsteaks in 2,5 cm große Stücke schneiden und in der Küchenmaschine mit der Pulse-Funktion kurz zerkleinern. In eine große Schüssel geben und Koriander, Limettenschale und -saft, Wasabipaste, Frühlingszwiebeln sowie 2 Esslöffel von der Mayonnaise einrühren. Im Kühlschrank 15 Minuten kalt stellen.

3. Inzwischen eine Grillpfanne erhitzen. Die Ciabatta-Scheiben darin rösten, dann herausnehmen und beiseitestellen.

4. Die Thunfischmischung zu vier Frikadellen formen und mit dem Öl bestreichen. In der Grillpfanne 6 Minuten von jeder Seite braten, bis der Fisch durchgebraten ist.

5. Die Thunfisch-Burger auf den gerösteten Ciabatta-Scheiben anrichten und mit der restlichen Mayonnaise und der Brunnenkresse garnieren. Das eingelegte Gemüse als Beilage reichen.

Pro Portion: *356 kcal / 10,2 g Fett / 1,5 g ges. Fettsäuren / 34,4 g Kohlenhydrate / 10,4 g Zucker / 4,9 g Ballaststoffe / 32,4 g Eiweiß / 1,1 g Salz*

Schweinefilet mit Grünkohlsalat

Vitaminreicher Grünkohl und Petersilie sorgen für den frischen Grünton in diesem gehaltvollen Weizengericht mit gebratenen Schweinemedaillonstreifen. Dunkelrote Granatapfelkerne runden es farbenfroh ab.

Für 4 Personen

Vorbereitung: 20 Minuten
Garzeit: 40–45 Minuten

150 g Zartweizen
25 g frische glatte Petersilie, grob gehackt
55 g Grünkohl, in feine Streifen geschnitten
Fruchtkerne von 1 Granatapfel
1 EL Olivenöl
500 g Schweinemedaillons, pariert
2 Knoblauchzehen, fein gehackt
Salz und Pfeffer

Dressing

50 g Walnusskerne, grob gehackt
3 EL natives Olivenöl extra
3 TL Granatapfelsirup
Saft von 1 Zitrone

1. Wasser in einem Topf zum Kochen bringen. Den Weizen darin 25–30 Minuten kochen, bis er gar ist. Abtropfen lassen.

2. Inzwischen für das Dressing die Walnüsse in einer großen Pfanne 2–3 Minuten trocken rösten, bis sie zu bräunen beginnen. Vom Herd nehmen. Olivenöl, Granatapfelsirup und Zitronensaft in einer Schale mit einer Gabel verquirlen. Mit Salz und Pfeffer abschmecken, dann die heißen Walnüsse untermischen.

3. Petersilie, Grünkohl und Granatapfelkerne in einer großen Schüssel vermengen.

4. Das Olivenöl in einer Pfanne erhitzen. Medaillons und Knoblauch hineingeben. Mit Salz und Pfeffer würzen und von jeder Seite 5 Minuten braten, bis die Medaillons durchgegart sind. Zum Test ein Medaillon in der Mitte einstechen; wenn der austretende Saft klar ist, ist das Fleisch fertig. Die Medaillons in Streifen schneiden.

5. Den Weizen unter die Grünkohlmischung heben. Auf einer Servierplatte anrichten und mit dem Dressing beträufeln. Die Fleischstreifen darauf verteilen und sofort servieren.

Pro Portion: *518 kcal / 25,3 g Fett / 3,5 g ges. Fettsäuren / 41,6 g Kohlenhydrate / 5,2 g Zucker / 8,3 g Ballaststoffe / 34,3 g Eiweiß / 0,8 g Salz*

Pintobohnen mit Kochschinken

Pintobohnen liefern Eiweiß, Ballaststoffe sowie andere wichtige Nährstoffe und sind dabei sehr fettarm. Mit frischem Gemüse und Kochschinkenwürfeln ergeben sie ein Abendessen für Leib und Seele.

Für 4 Personen

Vorbereitung: 15–20 Minuten
Garzeit: 55 Minuten

2 EL Olivenöl
1 große Zwiebel, gehackt
2 grüne Paprika, gehackt
4 Knoblauchzehen, zerdrückt
1 TL gemahlener Kreuzkümmel
500 g Pintobohnen aus der Dose, abgespült und abgetropft
3 EL Tomatenketchup
25 g brauner Zucker
2 EL Weißweinessig
2 TL Worcestersauce
2 TL Dijon-Senf
150 ml Hühnerbrühe
250 g Kochschinken, gewürfelt
Salz und Pfeffer
2 EL frisch gehackte glatte Petersilie, zum Garnieren
400 g gekochter Naturreis, zum Servieren

1. Das Öl in einem Schmortopf auf mittlerer Stufe erhitzen. Zwiebel und Paprika zugeben und 5 Minuten unter gelegentlichem Rühren dünsten. Knoblauch und Kreuzkümmel zugeben, alles gut verrühren und 1 Minute weiterdünsten.

2. Pintobohnen, Ketchup, Zucker, Essig, Worcestersauce, Senf, Brühe und Schinkenwürfel in den Topf geben und alles gut verrühren. Aufkochen und auf niedriger Stufe abgedeckt 45 Minuten köcheln lassen.

3. Nach Geschmack salzen und pfeffern. Die Bohnen mit der Petersilie bestreuen und servieren. Dazu gekochten Naturreis reichen.

Pro Portion: *503 kcal / 11.7 g Fett / 2.3 g ges. Fettsäuren / 72.1 g Kohlenhydrate / 12.9 g Zucker / 14.5 g Ballaststoffe / 29.6 g Eiweiß / 2.3 g Salz*

Quinoa-Pilaw mit Rotkohl & Pute

Quinoa ist kein Getreide und damit eine leckere kohlenhydratarme und eiweißreiche Alternative zu Reis. Hier harmonieren die südamerikanischen Samen hervorragend mit Rotkohl und fettarmem Putenfleisch.

Für 4 Personen

Vorbereitung: 25 Minuten, plus Ruhen
Garzeit: 50–55 Minuten

90 g weiße Quinoa
90 g rote Quinoa
4 EL Pflanzenöl
1 große rote Zwiebel, halbiert und in dünne Streifen geschnitten
1 TL zerstoßene Kreuzkümmelsamen
10-cm-Stück Zimtstange, zerbrochen
½ Rotkohl, Strunk entfernt, Blätter in Streifen geschnitten
250–350 ml Hühner- oder Gemüsebrühe
350 g gekochtes Putenfleisch, in mundgerechte Stücke geschnitten
2 Karotten, mit dem Sparschäler in Streifen geschnitten
85 g getrocknete Cranberrys
85 g Paranusskerne, grob gehackt
Salz und Pfeffer
1 kleine Handvoll frische glatte Petersilienblätter, zum Garnieren

1. Weiße und rote Quinoa vermengen, in ein Sieb geben und abspülen. Mit ½ Teelöffel Salz in einen Topf geben und mit Wasser auffüllen. Zum Kochen bringen und anschließend bei schwacher Hitze 15 Minuten köcheln lassen. Vom Herd nehmen, einen Deckel auf den Topf setzen und 5 Minuten stehen lassen, damit die Körner quellen können. Die Quinoa mit der Gabel auflockern und beiseitestellen.

2. Das Öl in einer großen Pfanne auf mittlerer bis hoher Stufe erhitzen. Zwiebel, Gewürze und ½ Teelöffel Salz zufügen und 5 Minuten dünsten, bis die Zwiebel weich, aber noch nicht gebräunt ist.

3. Rotkohl, 250 ml Brühe und ¼ Teelöffel Pfeffer zugeben. Zugedeckt auf mittlerer Stufe 15–20 Minuten kochen, bis der Rotkohl gar ist. Putenfleisch, Karottenstreifen, Cranberrys und Paranüsse zugeben. Ohne Deckel 5 Minuten erhitzen.

4. Vorsichtig die Quinoa unterheben. Bei Bedarf die restliche Brühe dazugeben und abschmecken. Weitere 2 Minuten garen, bis alle Zutaten erhitzt sind. Mit der Petersilie garnieren und sofort servieren.

Pro Portion: *688 kcal / 32,2 g Fett / 6 g ges. Fettsäuren / 67,3 g Kohlenhydrate / 22,6 g Zucker / 11,1 g Ballaststoffe / 38,4 g Eiweiß / 1 g Salz*

Süßes

Apfel-Crumble

Für 6 Personen

Vorbereitung: 25 Minuten, plus Auskühlen
Garzeit: 40–45 Minuten

800 g Kochäpfel (z. B. Cox Orange oder Boskop), entkernt und klein geschnitten
1 Prise gemahlene Gewürznelke
1 Prise Zimt
1 TL Ingwerpulver
3 EL brauner Zucker

Streuselbelag

200 g grobe Haferflocken
½ TL Zimt
3 EL flüssiger Honig
3 EL Kokosöl, zimmerwarm
50 g Macadamianüsse, grob gehackt
2 EL Rohrohrzucker

Der Zuckergehalt dieses Crumbles ist stark reduziert, doch er schmeckt immer noch herrlich. Haferflocken, Macadamianüsse und Kokosöl in den Streuseln sorgen für weitere gesunde Zutaten in dem Auflauf.

1. Den Backofen auf 180 °C vorheizen. Die Apfelstücke in einen großen Topf geben. 2 Esslöffel kaltes Wasser, Nelke, Zimt, Ingwer und braunen Zucker zugeben und auf mittlerer Stufe unter Rühren 15 Minuten köcheln lassen, bis die Äpfel zu zerfallen beginnen. Dann die Apfelmischung in eine Auflaufform mit mindestens 1,2 l Fassungsvermögen füllen.

2. Für den Streuselbelag die Haferflocken in eine Schüssel geben. Zimt, Honig, Kokosöl, Macadamianüsse und Rohrohrzucker zugeben und alles gut vermengen.

3. Die Belagmischung über den Äpfeln verteilen und im vorgeheizten Ofen 25–30 Minuten backen, bis die Streusel goldbraun sind. Aus dem Ofen nehmen und einige Minuten abkühlen lassen.

Pro Portion: *378 kcal / 15,4 g Fett / 7,3 g ges. Fettsäuren / 59 g Kohlenhydrate / 32,4 g Zucker / 5,7 g Ballaststoffe / 5,4 g Eiweiß / Spuren von Salz*

Fruchtsalat mit Grüntee

Dieser fein aromatisierte Obstsalat hat jede Menge Vitamine und Antioxidantien für eine leichte Dessertalternative zu bieten. Pistazien und Granatapfelkerne runden das fruchtige Vergnügen ab.

Für 4 Personen

Vorbereitung: 25 Minuten, plus Aufbrühen, Auskühlen und Kühlen
Garzeit: keine

2 TL Grünteeblätter
225 ml kochendes Wasser
1 EL flüssiger Honig
½ kleine Wassermelone, Schale entfernt, entkernt und gewürfelt
1 große Mango, geschält, Fruchtfleisch vom Stein geschnitten und gewürfelt
1 Papaya, geschält, entkernt und gewürfelt
2 Birnen, geschält, entkernt und gewürfelt
2 Kiwis, geschält und gewürfelt
2 EL grob gehackte frische Minze
Fruchtkerne von ½ Granatapfel
2 EL grob gehackte Pistazien

1. Die Teeblätter in einem Krug mit dem Wasser aufbrühen und 3–4 Minuten ziehen lassen. Durch ein Sieb in eine Schüssel gießen, den Honig unterrühren und erkalten lassen.

2. Alle Fruchtwürfel in einer großen Schüssel mischen. Mit dem kalten Grüntee übergießen und vorsichtig vermengen.

3. Mit Frischhaltefolie abgedeckt 1 Stunde im Kühlschrank ziehen lassen. Nochmals kurz durchmischen.

4. Den Fruchtsalat in vier Schalen füllen, mit Minze, Granatapfelkernen und Pistazien bestreuen und servieren.

Pro Portion: *258 kcal / 3.5 g Fett / 0.4 g ges. Fettsäuren / 59.5 g Kohlenhydrate / 45.3 g Zucker / 8.4 g Ballaststoffe / 4.1 g Eiweiß / Spuren von Salz*

Eiscreme mit Kokosmilch, Erdbeeren & Honig

Für 6 Personen

Vorbereitung: 30 Minuten, plus Gefrieren

Garzeit: keine

450 g Erdbeeren, halbiert
400 ml Kokosmilch aus der Dose
85 g flüssiger Honig
gehackte Haselnüsse, zum Servieren (nach Belieben)

Frische Erdbeeren verbinden sich hier mit cremiger Kokosmilch und wertvollem Honig zu einer hausgemachten Eiscreme, die der Gesundheit nicht schadet. Gehackte Haselnüsse ergeben knusprige Streusel.

1. Die Erdbeeren in einer Küchenmaschine pürieren, dann durch ein Sieb in eine Rührschüssel streichen, um die kleinen Samen zu entfernen.

2. Kokosmilch und Honig mit dem Erdbeerpüree verrühren.

3. Die Mischung in eine flache große Auflaufform füllen, mit Frischhaltefolie abdecken und 2 Stunden ins Gefrierfach stellen, bis die Mischung fest ist.

4. Die Mischung wieder in die Küchenmaschine geben und mit der Pulse-Funktion erneut pürieren, um die Eiskristalle aufzubrechen. In einen Kunststoffbehälter oder eine mit Backpapier ausgelegte Backform (1 l Inhalt) füllen. Den Deckel auflegen oder das Papier überfalten. Wieder ins Gefrierfach stellen und 3–4 Stunden fest werden lassen, bis die Eiscreme herausgelöffelt werden kann.

5. Sofort servieren oder bis zum Verzehr im Gefrierfach lassen. 15 Minuten bei Zimmertemperatur antauen lassen, dann auf Schalen verteilen und mit gehackten Haselnüssen bestreut servieren.

Pro Portion: *230 kcal / 17,5 g Fett / 12,8 g ges. Fettsäuren / 20,1 g Kohlenhydrate / 17,1 g Zucker / 2g Ballaststoffe / 2,6 g Eiweiß / Spuren von Salz*

Brownies mit schwarzen Bohnen

Schwarze Bohnen und Datteln machen aus diesen verlockenden Brownies einen echten Power-Snack. Schmeckt hervorragend nach einer herzhaften Mahlzeit oder bei Heißhunger auf Schokolade.

Ergibt 16 Stück
Vorbereitung: 25 Minuten, plus Auskühlen
Garzeit: 28 Minuten, plus Ruhen

100 g Zartbitterschokotropfen (70 % Kakaoanteil)
3 EL Kokosfett
375 g schwarze Bohnen in Wasser aus der Dose, abgespült und abgetropft
175 g Medjool-Datteln, halbiert und entsteint
3 Eier
70 g heller Muskovado-Zucker
5 Tropfen Vanillearoma
55 g Kakaopulver
1½ TL Backpulver
½ TL Zimt
¼ TL Meersalz

1. Den Backofen auf 180 °C vorheizen. Eine quadratische Backform (20 cm × 20 cm) mit Backpapier auslegen.

2. 55 g Schokotropfen mit dem Kokosfett in einen kleinen Topf geben und auf sehr kleiner Stufe erhitzen, bis das Fett geschmolzen ist. Vom Herd nehmen und einige Minuten ruhen lassen, bis die Schokolade ebenfalls vollständig geschmolzen ist.

3. Inzwischen Bohnen und Datteln in eine Küchenmaschine oder einen Standmixer geben und zu einer groben Paste pürieren. Eier, Zucker, Vanillearoma und Schoko-Kokosfett-Mischung zufügen und glatt pürieren.

4. Kakao, Backpulver, Zimt und Salz vermengen, zur Bohnenmischung geben und noch einmal kurz pürieren.

5. In die vorbereitete Form füllen und gleichmäßig darin verteilen. 25 Minuten im vorgeheizten Ofen backen, bis der Kuchen gut aufgegangen ist und die Ränder leicht einreißen. In der Mitte sollte der Kuchen aber noch weich sein.

6. Mit den restlichen Schokotropfen bestreuen und 20 Minuten abkühlen lassen. Den Browniekuchen mit dem Papier aus der Form auf ein Kuchengitter heben und vollständig auskühlen lassen. In 16 kleine Stücke schneiden, das Papier entfernen und die Brownies servieren. Sie lassen sich bis zu 2 Tage in einem Behälter aufbewahren.

Pro Brownie: *227 kcal / 10,8 g Fett / 6,9 g ges. Fettsäuren / 30 g Kohlenhydrate / 21 g Zucker / 6,5 g Ballaststoffe / 5,7 g Eiweiß / 0,5 g Salz*

Frischkäsekuchen mit Tofu

Für 10 Personen

Vorbereitung: 30–35 Minuten, plus Kühlen
Garzeit: 5 Minuten

Boden

125 g Pekannusskerne
175 g getrocknete Datteln
85 g Ingwerkekse
2 EL Agavendicksaft

Füllung

350 g Seidentofu
300 g Doppelrahmfrischkäse
100 g griechischer Naturjoghurt
abgeriebene Schale und Saft von 3 Zitronen, plus 1 EL Zitronenzesten zum Dekorieren
100 g Rohrohrzucker
2–3 Tropfen Vanillearoma
15 g weißes Gelatinepulver
75 ml kaltes Wasser

Ballaststoffreiche Datteln und natürlicher Agavendicksaft süßen den Boden aus Ingwerkekskrümeln. Die Säure frisch gepresster Zitronen macht die Füllung dieses Käsekuchens zu einem besonders feinen Geschmackserlebnis.

1. Den Boden einer Springform (20 cm Ø) mit Backpapier auslegen.

2. Für den Boden Pekannüsse, Datteln, Kekse und Agavendicksaft in die Küchenmaschine geben und mit der Pulse-Funktion zerkleinern, bis ein leicht klebriger Krümelteig entstanden ist. Den Teig auf den Boden der Springform geben und gleichmäßig mit den Händen andrücken.

3. Für die Füllung die überschüssige Flüssigkeit aus dem Seidentofu pressen. Den Tofu dann mit Frischkäse, Joghurt, Zitronensaft und -schale, Rohrohrzucker und Vanillearoma in die Küchenmaschine geben und zu einer glatten Creme verarbeiten.

4. Das Gelatinepulver in eine kleine hitzebeständige Schüssel geben und mit dem kalten Wasser übergießen. Die Schüssel auf einen kleinen Topf mit köchelndem Wasser setzen und rühren, bis sich das Pulver aufgelöst hat. Dann rasch die flüssige Gelatine in die Creme einrühren. Alles noch einmal in der Küchenmaschine durchmischen, bis die Gelatine vollständig eingearbeitet ist.

5. Die Füllung auf den Boden geben und den Kuchen 6 Stunden oder über Nacht in den Kühlschrank stellen. Mit 1 Esslöffel Zitronenzesten dekorieren und servieren.

Pro Portion: *368 kcal / 22.2 g Fett / 7.7 g ges. Fettsäuren / 37.6 g Kohlenhydrate / 29.7 g Zucker / 2.9 g Ballaststoffe / 8.4 g Eiweiß / 0.4 g Salz*

Avocado-Schokoladen-Creme

Mit weniger Zucker, dafür reich an gesunden ungesättigten Fettsäuren und auch für die vegane Küche geeignet: Diese gehaltvolle Schokocreme wird am besten in kleinen Portionen genossen.

Für 4 Personen

Vorbereitung: 20 Minuten
Garzeit: keine

2 vollreife Avocados, grob gehackt
35 g Kakaopulver
2 EL Reissirup
2–3 Tropfen Vanillearoma
1 Prise Meersalz
2 EL ungesüßte Mandelmilch, plus bei Bedarf etwas mehr

1. Alle Zutaten so lange im Standmixer pürieren, bis die Masse glatt und luftig ist. Wenn sie zu dick ist, noch einen Spritzer Mandelmilch dazugeben.

2. Die Creme in vier kleine Tassen oder Dessertschalen füllen und sofort servieren oder abgedeckt im Kühlschrank bis zu 4 Stunden kalt stellen.

Pro Portion: *233 kcal / 16 g Fett / 2.8 g ges. Fettsäuren / 25.8 g Kohlenhydrate / 9.2 g Zucker / 9.6 g Ballaststoffe / 3.7 g Eiweiß / 0.4 g Salz*

Geeiste Bananen mit Schokoladensauce

Für 2 Personen

Vorbereitung: 20 Minuten,
plus Gefrieren und Auskühlen
Garzeit: 8–10 Minuten

2 kleine Bananen, grob gehackt
6 Mandeln, grob gehackt

Schokoladensauce

30 g Rohrzucker
3 EL Kakaopulver
6 EL fettarme Milch
30 g Zartbitterschokolade (70 % Kakaoanteil), in Stücke gebrochen
2–3 Tropfen Vanillearoma

Dieses fettarme Dessert ist nicht nur etwas für Kinder. Die natürliche Süße reifer Bananen ersetzt den Industriezucker und liefert Vitamine, Mineral- und Ballaststoffe. Der perfekte Eisersatz mit einer wunderbaren Schokosauce für echte Genießer.

1. Die Bananen in einen gefriergeeigneten Behälter geben und 2 Stunden gefrieren. Herausnehmen, in den Standmixer geben und glatt und cremig mixen. Wieder in den Behälter füllen und eine weitere Stunde gefrieren, bis die Masse fest ist.

2. Für die Schokoladensauce Zucker, Kakao und Milch in einem kleinen Topf bei mittlerer Hitze zum Köcheln bringen. Die Hitze auf niedrige Stufe reduzieren und 1 Minute rühren, bis sich Zucker und Kakao aufgelöst haben.

3. Den Topf vom Herd nehmen und die Schokolade unterrühren, bis sie geschmolzen ist. Das Vanillearoma einrühren. Etwas abkühlen lassen.

4. Die Mandeln in einer Pfanne bei starker Hitze 3–4 Minuten trocken rösten.

5. Die geeisten Bananen in zwei Dessertgläser oder -schalen füllen und mit der warmen Schokoladensauce überziehen. Mit den Mandeln garnieren und sofort servieren.

Pro Portion: *283 kcal / 10.4 g Fett / 5.1 g ges. Fettsäuren / 48 g Kohlenhydrate / 30.6 g Zucker / 6.9 g Ballaststoffe / 5.9 g Eiweiß / Spuren von Salz*

Bananeneis am Stiel mit Chiasamen

Chiasamen sind reich an Omega-3-Fettsäuren und außerdem eine gute Quelle für Vitamine, Eiweiß und Ballaststoffe. Mit Bananen, Honig und Joghurt verbinden sie sich zum besten Eis am Stiel, das man sich gönnen kann.

Ergibt 6 Stück

Vorbereitung: 20 Minuten, plus Gefrieren
Garzeit: keine

3 große reife Bananen
3 EL griechischer Naturjoghurt
2 TL flüssiger Honig
2 TL Chiasamen

Außerdem

6 Eis-am-Stiel-Formen mit je 50 ml Fassungsvermögen
6 Eisstiele aus Holz

1. Bananen, Joghurt und Honig im Standmixer oder in der Küchenmaschine zu einer glatten Masse verarbeiten. Die Chiasamen einrühren.

2. Alles in ein Gefäß mit Ausgießer füllen und die Mischung gleichmäßig auf die sechs Eisformen verteilen.

3. In die Mitte jeder Form einen Eisstiel stecken. Das Eis vor dem Servieren mindestens 6 Stunden im Tiefkühlfach gefrieren.

4. Zum Herausnehmen die Formen jeweils einige Sekunden in warmes Wasser tauchen und das Eis vorsichtig am Stiel herausziehen.

Pro Eis: *84 kcal / 1,2 g Fett / 0,5 g ges. Fettsäuren / 18,5 g Kohlenhydrate / 10,6 g Zucker / 2,3 g Ballaststoffe / 1,9 g Eiweiß / Spuren von Salz*

Chai-Kekse

Ergibt 30 Stück

Vorbereitung: 25–30 Minuten, plus Kühlen und Auskühlen
Garzeit: 18–20 Minuten

100 g Rohrohrzucker
2 EL Chai-Tee oder Chai-Pulver
¼ TL Salz
125 g Weizenvollkornmehl, plus etwas mehr zum Bestäuben
5 Tropfen Vanillearoma
115 g kalte Butter

Indischer Chai ist ebenso reich an aromatischen Gewürzen wie an Antioxidantien. Diese feinen Kekse mit Pep sind die bekömmliche Wahl, wenn man Appetit auf etwas Süßes hat. Die Kekse lassen sich auch einige Tage lagern.

1. Den Backofen auf 180 °C vorheizen und ein Backblech mit Backpapier auslegen.

2. Rohrohrzucker, Tee und Salz in der Küchenmaschine zu einem feinen Pulver mahlen. Mehl, Vanillearoma und Butter zugeben und so lange verarbeiten, bis ein grobkörniger Teig entsteht. Wenn der Teig zu trocken ist, kaltes Wasser teelöffelweise zugeben und vermengen.

3. Den Teig auf Frischhaltefolie legen und zu einer Rolle formen. Die Rolle fest in die Folie wickeln und den Teig 15 Minuten in den Kühlschrank stellen.

4. Den Teig auf einer leicht bemehlten Arbeitsfläche etwa 3 mm dick ausrollen und 6 cm große runde Kekse ausstechen oder Ausstechformen nach Wahl benutzen. Auf dem vorbereiteten Backblech verteilen und 18–20 Minuten im vorgeheizten Ofen backen, bis sie an den Rändern goldbraun werden.

5. Die Kekse aus dem Ofen nehmen und auf einem Kuchengitter vollständig auskühlen lassen.

Pro Keks: *58 kcal / 3.2 g Fett / 2 g ges. Fettsäuren / 7 g Kohlenhydrate / 3.3 g Zucker / 0.5 g Ballaststoffe / 0.7 g Eiweiß / Spuren von Salz*

Cremige Quinoa mit Kokosmilch & Mango

Für 4 Personen

Vorbereitung: 20 Minuten, plus Ruhen und Auskühlen
Garzeit: 15–20 Minuten

300 ml Kokosmilch aus der Dose
115 g Quinoa, abgespült
350 g Mangofruchtfleisch, gewürfelt
75 g Rohrohrzucker
Saft von 1 großen Limette
4-cm-Stück frische Ingwerwurzel, grob gehackt
100 g Blaubeeren
4 EL geröstete Kokoschips

Das Geschmackserlebnis dieses veganen Desserts wird nur noch von der Fülle der Vitamine und Antioxidantien übertroffen.

1. Kokosmilch und Quinoa in einen kleinen Topf geben und bei mittlerer Hitze zum Kochen bringen. Die Hitze auf niedrige Stufe reduzieren und bei aufgesetztem Deckel 10–15 Minuten köcheln lassen, bis die Kokosmilch fast absorbiert ist. Den Topf vom Herd nehmen und die Quinoa bei aufgesetztem Deckel noch 7 Minuten ausquellen lassen. Mit einer Gabel auflockern, in eine Schüssel füllen und erkalten lassen.

2. Inzwischen Mango, Zucker und Limettensaft in den Standmixer geben. Den Ingwer durch eine Knoblauchpresse drücken und den Saft ebenfalls in den Mixer geben. Etwa 30 Sekunden glatt pürieren.

3. Das Mangopüree unter die Quinoa ziehen und abgedeckt 30 Minuten stehen lassen.

4. Die Quinoamischung in vier Schalen füllen und mit Blaubeeren und Kokoschips garnieren. Sofort servieren.

Pro Portion: *425 kcal / 20.4 g Fett / 16.4 g ges. Fettsäuren / 59.5 g Kohlenhydrate / 35.5 g Zucker / 4.7 g Ballaststoffe / 6.8 g Eiweiß / Spuren von Salz*

Mokka-Soufflés mit Mascarpone

Zu diesem äußerst verführerischen Soufflé mit wenig Zucker muss niemand Nein sagen. Die gemahlenen Mandeln liefern Vitamine und ungesättigte Fettsäuren, die wichtig für die Herzgesundheit sind.

Für 4 Personen

Vorbereitung: 25–30 Minuten, plus Auskühlen
Garzeit: 18–20 Minuten

2 TL Butter, zum Einfetten
2 EL gemahlene Mandeln
1 EL Kakao, plus etwas mehr zum Bestäuben
1 EL frisch aufgebrühter starker Espresso
1 Prise Meersalz
5 EL kaltes Wasser
3 Eiweiß
1 EL Reissirup
4 EL Mascarpone, zum Servieren

1. Den Backofen auf 190 °C vorheizen. Vier Ramequin-Förmchen mit der Butter einfetten und mit den gemahlenen Mandeln ausstreuen, sodass Boden und Seitenwände bedeckt sind.

2. Kakao, Espresso, Salz und Wasser in einem kleinen Topf auf niedriger Stufe erhitzen und rühren, bis die Mischung glatt ist. Die Hitze auf mittlere bis starke Stufe erhöhen und zum Kochen bringen. 1 weitere Minute kochen, dann in eine große Schüssel füllen und erkalten lassen.

3. Das Eiweiß in einer zweiten, sauberen Schüssel mit dem Reissirup steif schlagen. Zunächst 1 Esslöffel Eischnee mit einem Metalllöffel unter die Kakaomischung heben, dann den Rest. Dabei darauf achten, dass die Masse so luftig wie möglich bleibt.

4. Die Soufflé-Masse in die vorbereiteten Förmchen füllen und im vorgeheizten Ofen 10–12 Minuten backen, bis die Soufflés schön aufgegangen sind.

5. Den Mascarpone auf die Soufflés setzen und mit Kakao bestäuben. Sofort servieren, bevor die Soufflés zusammenfallen.

Pro Portion: *156 kcal / 12 g Fett / 7,5 g ges. Fettsäuren / 8,7 g Kohlenhydrate / 5,4 g Zucker / 0,8 g Ballaststoffe / 4,4 g Eiweiß / 0,5 g Salz*

Würzige Apfel-Vollkorncupcakes

Ergibt 12 Stück
Vorbereitung: 35–40 Minuten, plus Auskühlen
Garzeit: 50 Minuten–1 ¼ Stunden

3 Dessertäpfel
fein abgeriebene Schale und Saft von 1 Zitrone
85 g Weizenvollkornmehl
85 g Naturreismehl
2 TL Backpulver
½ TL Lebkuchengewürz, plus etwas mehr zum Dekorieren
115 g weiche Butter, gewürfelt
115 g heller Muskovado-Zucker
2 Eier, verquirlt
225 g Crème fraîche

Ein gesunder Nachtisch oder eine süße Zwischenmahlzeit, die niemand bereut, sind diese Apfel-Cupcakes aus Vollkornmehl mit einem Hauch von Zitrone. Zu einem optischen Highlight werden sie durch das Crème-fraîche-Topping mit gebackenen Apfelscheiben.

1. Für das Apfelmus 2 Äpfel schälen, entkernen und grob hacken. Mit Zitronenschale und der Hälfte des Zitronensaftes in einen Topf geben, abdecken und bei mittlerer bis schwacher Hitze 5–10 Minuten weich kochen. Zu einem glatten Mus zerdrücken, dann abkühlen lassen. Den Backofen auf 180 °C vorheizen.

2. Die Vertiefungen einer 12er-Muffinform mit Papierbackförmchen oder Backpapierstücken auslegen. Vollkornmehl, Reismehl, Backpulver und Lebkuchengewürz in einer kleinen Schüssel vermengen.

3. Butter und Zucker in einer großen Schüssel schaumig rühren. Abwechselnd löffelweise Ei und Mehlmischung unterrühren. Dann 150 g vom Apfelmus unterrühren (Reste anderweitig verwenden).

4. Den Teig auf die Papierbackförmchen verteilen. Im vorgeheizten Ofen 15–18 Minuten backen; der Teig sollte gut aufgegangen sein und auf Fingerdruck elastisch nachgeben. 5 Minuten abkühlen lassen, dann auf ein Kuchengitter setzen und vollständig auskühlen lassen.

5. Die Ofentemperatur auf 110 °C reduzieren. Ein Backblech mit Backpapier auslegen. Den restlichen Zitronensaft in eine Schüssel geben. Den verbliebenen Apfel in dünne Scheiben schneiden, in dem Zitronensaft wenden, dann auf dem Backblech verteilen. Unter einmaligem Wenden 30–45 Minuten im Ofen trocknen; die Apfelscheiben sollten leicht gebräunt sein. Den Ofen ausschalten und die Apfelscheiben darin abkühlen lassen. Die Scheiben mit einem Palettenmesser vom Backblech heben, auf einen Teller legen und halbieren.

6. 1 Löffel Crème fraîche auf jeden Cupcake geben, dann mit Lebkuchengewürz bestreuen und 2 halbe Apfelscheiben darauf anrichten.

Pro Cupcake: *244 kcal / 14.8 g Fett / 9.3 g ges. Fettsäuren / 26.1 g Kohlenhydrate / 14 g Zucker / 1.7 g Ballaststoffe / 3.1 g Eiweiß / 0.2 g Salz*

Glutenfreier Orangen-Mandelkuchen

Für 8 Personen

Vorbereitung: 30 Minuten, plus Auskühlen
Garzeit: 2 Stunden 35 Minuten–3 Stunden 5 Minuten

375 g Orangen (etwa 2 kleine Früchte)
2 EL Olivenöl, zum Einfetten
6 Eier
225 g Muskovado-Zucker
250 g gemahlene Mandeln
1 TL glutenfreies Backpulver
½ TL gemahlene Gewürznelke

Belag

4 frische Feigen, in Spalten geschnitten
30 g Mandelblättchen, geröstet
Zesten von 1 Orange

Eine süße Verlockung für alle, die Gluten vermeiden möchten, ist dieser köstlich saftige Kuchen voller nahrhafter Mandeln und frischer Orangen. Der Belag aus frischen Feigen macht den natürlichen Genuss perfekt.

1. Die Orangen mit etwas kaltem Wasser in einen Topf geben. Aufkochen und auf niedriger Stufe 1½–2 Stunden köcheln lassen. Dann abgießen und abkühlen lassen. Jede Orange halbieren und entkernen. Die Orangenhälften – komplett samt Schale und Häuten – in den Standmixer oder die Küchenmaschine geben und auf hoher Stufe kurz zerkleinern.

2. Den Backofen auf 190 °C vorheizen. Eine Springform (20 cm Ø) mit dem Olivenöl einfetten und mit Backpapier auslegen.

3. Die Eier in einer Rührschüssel verquirlen. Muskovado-Zucker, Mandeln, Backpulver und Nelke zugeben und alles gut vermengen. Dann die Orangenmasse einrühren.

4. Die Teigmischung in die Springform geben und im vorgeheizten Ofen 1 Stunde backen, bis der Kuchen goldbraun ist und ein in die Mitte gesteckter Holzspieß beim Gartest trocken bleibt. Den Kuchen aus dem Ofen nehmen und auf einem Kuchengitter abkühlen lassen. Den vollständig ausgekühlten Kuchen aus der Form lösen.

5. Den Kuchen auf eine Tortenplatte setzen, mit Feigenspalten, Mandelblättchen und Orangenzesten belegen und servieren.

Pro Portion: *409 kcal / 23,3 g Fett / 2,8 g ges. Fettsäuren / 42,4 g Kohlenhydrate / 35,3 g Zucker / 4,9 g Ballaststoffe / 12,7 g Eiweiß / 0,3 g Salz*

Fruchtiges Eis am Stiel

Frische Mango und Erdbeeren bereichern dieses Joghurteis nicht nur mit Vitaminen, sondern auch mit kräftigen Farben und natürlichem Aroma. Gesüßt wird zusätzlich nur mit Honig – ein reuefreier Spaß für die ganze Familie.

Ergibt 8 Stück

Vorbereitung: 30 Minuten, plus Gefrieren
Garzeit: keine

325 g Mangofruchtfleisch
9 EL flüssiger Honig
300 g Naturjoghurt
10 Tropfen Vanillearoma
300 g Erdbeeren

Außerdem

8 Eis-am-Stiel-Formen mit je 100 ml Fassungsvermögen
8 Eisstiele aus Holz

1. Das Mangofruchtfleisch im Standmixer oder in der Küchenmaschine pürieren. In einem Krug mit 3 Esslöffeln Honig verrühren.

2. Die Mischung in die Eisformen füllen und 2 Stunden im Gefrierfach fest werden lassen.

3. Wenn die Mango gefroren ist, Joghurt, Vanillearoma und 3 Esslöffel Honig in einer Schüssel verrühren. Die Mischung auf die Eisformen verteilen. Die Eisstiele hineinstecken und alles wieder 2–3 Stunden ins Tiefkühlfach geben.

4. Wenn die Mischung wieder gefroren ist, die Erdbeeren und den restlichen Honig in einer Küchenmaschine oder im Standmixer pürieren. Das Püree durch ein feines Sieb streichen, um die kleinen Samen zu entfernen. Auf die Eisformen verteilen und nochmals 2–3 Stunden gefrieren.

5. Die Eisformen jeweils einige Sekunden in warmes Wasser halten und dann vorsichtig das Eis am Stiel aus der Form ziehen.

Pro Eis: *134 kcal / 1.5 g Fett / 0.8 g ges. Fettsäuren / 30.3 g Kohlenhydrate / 28.7 g Zucker / 1.4 g Ballaststoffe / 2 g Eiweiß / Spuren von Salz*

Sommertörtchen mit frischen Beeren

Luftig-leichte Biskuittörtchen mit einem Belag aus fettarmem Joghurt und farbenfrohen Sommerbeeren: ein ganz besonderes Dessert für den Familien- oder Freundeskreis.

Ergibt 6 Stück

Vorbereitung: 30 Minuten, plus Auskühlen
Garzeit: 12–15 Minuten

Öl, zum Einfetten
3 Eier
85 g Rohrohrzucker
2–3 Tropfen Vanillearoma
85 g Naturreismehl
250 g Naturjoghurt (0,1 % Fettgehalt)
150 g Himbeeren
150 g Erdbeeren
100 g Blaubeeren
1 EL gesiebter Puderzucker

1. Den Backofen auf 180 °C vorheizen. Sechs kleine Savarinformen (175 ml Inhalt) dünn mit Öl einfetten und auf ein Backblech setzen.

2. Eier, Zucker und Vanillearoma in einer großen Schüssel mit dem elektrischen Handrührgerät 5 Minuten dick und cremig aufschlagen.

3. Das Mehl darübersieben und mit einem Teigschaber unterheben. Den Teig in die Förmchen füllen und glatt streichen.

4. Im vorgeheizten Ofen 12–15 Minuten backen, bis die Biskuitringe schön aufgegangen sind.

5. Etwa 5 Minuten abkühlen lassen, dann die Biskuitringe mithilfe eines Messers aus den Formen lösen und auf einem Kuchengitter erkalten lassen.

6. Die Biskuitringe auf sechs Servierteller heben. Die Mitte mit dem Joghurt füllen und die Früchte darauf anrichten. Mit dem Puderzucker bestäuben und sofort servieren.

Pro Kuchen: *222 kcal / 5.3 g Fett / 1.2 g ges. Fettsäuren / 35.5 g Kohlenhydrate / 21.4 g Zucker / 3.2 g Ballaststoffe / 9 g Eiweiß / 0.1 g Salz*

Himbeer-Wassermelonen-Sorbet

Wunderbar erfrischend ist dieses fettfreie Fruchtsorbet aus frischen Himbeeren und saftiger Wassermelone. Jede Menge Vitamine und Mineralstoffe machen es zum idealen Genuss an heißen Tagen.

Für 4 Personen

Vorbereitung: 30 Minuten, plus Auskühlen und Gefrieren
Garzeit: 7–9 Minuten

115 g Rohrohrzucker
150 ml kaltes Wasser
fein abgeriebene Schale und Saft von 1 Limette
225 g Himbeeren
1 kleine Wassermelone, geschält, entkernt und gewürfelt
1 Eiweiß

1. Den Zucker mit Wasser und Limettenschale in einem kleinen Topf auf niedriger Stufe unter Rühren erhitzen, bis sich der Zucker aufgelöst hat. Die Hitze erhöhen und köcheln lassen, bis der Sirup kocht. Dann die Hitze wieder auf mittlere Stufe reduzieren und 3–4 Minuten köcheln. Vollständig erkalten lassen.

2. Himbeeren und Wassermelone im Standmixer portionsweise pürieren und durch ein feines Sieb in eine Schüssel passieren.

3. Das Püree in einen rechteckigen Behälter füllen. Den Sirup durch ein feines Sieb darübergießen und zusammen mit dem Limettensaft unter das Püree rühren. Im Tiefkühlfach 3–4 Stunden gefrieren, bis das Sorbet am Rand fest ist.

4. Die Masse in den Standmixer füllen und mixen, um die Eiskristalle aufzubrechen. Das Eiweiß in einer Schüssel mit einer Gabel schaumig aufschlagen und unter das Sorbet ziehen.

5. Das Sorbet in einen gefriergeeigneten Behälter mit Deckel füllen und 3–4 Stunden gefrieren, bis es fest ist. Vor dem Servieren 10–15 Minuten antauen lassen. Das Sorbet hält sich bis zu 1 Woche im Gefrierfach.

Pro Portion: *232 kcal / 0,8 g Fett / 0 g ges. Fettsäuren / 57,7 g Kohlenhydrate / 48,8 g Zucker / 4,9 g Ballaststoffe / 3,3 g Eiweiß / Spuren von Salz*

Kokos-Haselnuss-Trüffel

Ergibt 20 Stück

Vorbereitung: 25 Minuten
Garzeit: keine

85 g ungeschälte Haselnusskerne
55 g Kakaonibs, plus 1 EL mehr zum Wälzen
6 getrocknete Soft-Feigen, grob gehackt
25 g Kokosraspel, plus 2 EL mehr zum Wälzen
1 EL Ahornsirup
fein abgeriebene Schale und Saft von ½ kleinen Orange

Ein reichhaltiger Energiespender für zwischendurch sind diese köstlichen Kugeln aus rein natürlichen Zutaten.

1. Haselnüsse und Kakaonibs in eine Küchenmaschine geben und sehr fein hacken.

2. Feigen, Kokosraspel, Ahornsirup, Orangenschale und Orangensaft zugeben und weitermixen, bis die Mischung sich zu einer Kugel formt.

3. Die Mischung aus der Küchenmaschine heben und in 20 gleich große Portionen aufteilen. Jede mit der Hand zu einem Trüffel rollen.

4. Auf Backpapier oder auf einem großen Teller den zusätzlichen Esslöffel Kakaonibs fein hacken und mit den zusätzlichen Kokosraspeln vermischen. Die Trüffel nacheinander in der Kakao-Kokosnuss-Mischung rollen und in einen Kunststoffbehälter geben. Die Kokos-Haselnuss-Trüffel lassen sich im Kühlschrank bis zu 3 Tage lagern.

Pro Trüffel: *63 kcal / 5 g Fett / 1,9 g ges. Fettsäuren / 4,9 g Kohlenhydrate / 2,6 g Zucker / 2 g Ballaststoffe / 1,3 g Eiweiß / Spuren von Salz*

Schokocreme mit Chiasamen

Kokosmilch und griechischer Naturjoghurt machen dieses Dessert zu einem besonders cremigen Genuss. Agavendicksaft sorgt für natürliche Süße, und Chiasamen fügen eine Extraportion Nährstoffe zu.

Für 3 Personen

Vorbereitung: 20 Minuten, plus Kühlen
Garzeit: keine

2 EL Kakaopulver
2 EL Agavendicksaft
90 ml Kokosmilch aus der Dose
125 g griechischer Naturjoghurt
2 EL Chiasamen
5 Tropfen Vanillearoma

Zum Dekorieren

1 Kiwi, geschält und in Scheiben geschnitten
50 g Zartbitterschokolade, grob gehackt

1. Kakao und Agavendicksaft in eine große Schüssel geben und gut verrühren, bis die Mischung glatt ist. Kokosmilch, Joghurt, Chiasamen und Vanillearoma einrühren und alles gut vermengen.

2. Abgedeckt 4–6 Stunden kalt stellen. Dann die eingedickte Masse aus dem Kühlschrank nehmen. Mit dem Stabmixer zu einer glatten Creme verarbeiten und auf drei kleine Dessertgläser verteilen.

3. Die Creme 1 weitere Stunde in den Kühlschrank stellen. Mit Kiwischeiben und Zartbitterschokolade dekoriert servieren.

Pro Portion: *307 kcal / 18.8 g Fett / 11.8 g ges. Fettsäuren / 29.4 g Kohlenhydrate / 18.7 g Zucker / 7 g Ballaststoffe / 7.9 g Eiweiß / Spuren von Salz*

Festlicher Schokoladenkuchen

Für 8 Personen

Vorbereitung: 35–40 Minuten, plus Kühlen
Garzeit: 1½ Stunden

2 rohe Rote Beten (etwa 200 g), gewürfelt
150 g Zartbitterschokolade (70 % Kakaoanteil), in Stücke gebrochen
25 g Kakaopulver
2 TL Backpulver
115 g Weizenvollkornmehl
55 g Naturreismehl
200 g weiche Butter, plus etwas mehr zum Einfetten
215 g heller Muskovado-Zucker
4 Eier
2 EL Milch
300 g Schlagsahne

Rote Beten süßen diesen Schokoladenkuchen nicht nur auf natürliche Weise, sondern schützen ihn auch gegen das Austrocknen. Der prachtvolle Schokokuchen aus Vollkorn- und Reismehl wird bald auf keiner Festtafel mehr fehlen.

1. Den Backofen auf 160 °C vorheizen. Eine beschichtete Springform (20 cm Ø) einfetten und den Boden mit zugeschnittenem Backpapier auslegen.

2. Einen Dämpftopf zur Hälfte mit Wasser füllen und dieses zum Kochen bringen. Die Roten Beten in den Dämpfeinsatz legen, abdecken und 30 Minuten garen, bis sie weich sind. Schälen, in eine Küchenmaschine oder einen Standmixer geben und 4 Esslöffel Wasser aus dem Dämpftopf zugeben. Zu einem glatten Püree verarbeiten, dann abkühlen lassen.

3. 115 g Schokolade in eine hitzefeste Metallschüssel geben und diese über einen Topf mit leicht kochendem Wasser setzen. Die Schüssel darf das Wasser nicht berühren. Die Schokolade schmelzen.

4. Das Kakaopulver in eine zweite Schüssel sieben, das Backpulver und die beiden Mehlsorten einrühren.

5. Butter und 200 g Zucker in einer großen Schüssel mit dem Handrührgerät schaumig rühren. Die Eier nacheinander einarbeiten, nach jedem Ei einige Löffel der Mehlmischung gut einrühren. Wenn alle 4 Eier untergerührt sind, die restliche Mehlmischung zugeben, dann das Rote-Bete-Püree und die Schokolade zugeben. Alles glatt rühren. So viel Milch zugeben, dass der Teig langsam vom Löffel tropft.

6. Den Teig in die Springform füllen und mit einem Löffel glatt streichen. Im Ofen 1 Stunde backen, bis der Teig gut aufgegangen ist. Der Teig ist fertig, wenn keine Teigreste an einem eingesteckten Holzspieß haften bleiben. 15 Minuten abkühlen lassen, dann aus der Form lösen, das Backpapier abnehmen und den Kuchen auf ein Kuchengitter legen.

7. Die restliche Schokolade wie in Schritt 3 schmelzen. Die Sahne mit dem restlichen Zucker in eine Schüssel geben und luftig aufschlagen. Den Kuchen waagerecht halbieren und die untere Hälfte auf eine Kuchenplatte legen. Mit einem Drittel der Sahne bestreichen, dann die obere Hälfte des Kuchens auflegen und den Rest der Sahne darauf verteilen. Mit der geschmolzenen Schokolade beträufeln. Zum Servieren in 8 Stücke schneiden.

Pro Portion: *662 kcal / 46.6 g Fett / 27.9 g ges. Fettsäuren / 56.5 g Kohlenhydrate / 32.8 g Zucker / 5.6 g Ballaststoffe / 9.2 g Eiweiß / 0.5 g Salz*

Joghurt mit Erdbeeren & Passionsfrüchten

Maracuja und Erdbeeren sind die farbenfrohe Grundlage dieser kleinen, feinen Joghurttöpfchen. Einige Gojibeeren bereichern sie um weitere Nährstoffe.

Für 4 Personen

Vorbereitung: 20–25 Minuten, plus Auskühlen und Kühlen
Garzeit: 2–3 Minuten

20 g Kokosraspel
200 g Erdbeeren
fein abgeriebene Schale und Saft von 1 Limette
350 g fettarmer Naturjoghurt
4 TL flüssiger Honig
2 Passionsfrüchte (Maracujas), halbiert
1 EL getrocknete Gojibeeren, grob gehackt

1. Die Kokosraspel in eine trockene Pfanne geben und bei mittlerer Hitze 2–3 Minuten rösten. Dabei die Pfanne schwenken, bis die Raspel goldgelb sind. Vom Herd nehmen und abkühlen lassen.

2. Die Erdbeeren zerdrücken und mit der Hälfte des Limettensafts vermischen.

3. Limettenschale, restlichen Saft, Joghurt und Honig in einer Schüssel vermischen. Drei Viertel der Kokosraspel einrühren, dann die fleischigen Kerne der Passionsfrucht darüberlöffeln und mit der Joghurtmischung verrühren.

4. Joghurtmischung und Erdbeeren in vier Vorratsgläser oder Schraubgläser (à 200 ml Inhalt) schichten, dabei mit den Erdbeeren beginnen und mit Joghurt abschließen. Mit restlichen Kokosraspeln und Gojibeeren bestreuen. Mit den Deckeln verschließen und die Gläser bis zum Servieren in den Kühlschrank stellen. Innerhalb von 24 Stunden verzehren.

Pro Portion: *139 kcal / 3.5 g Fett / 2.8 g ges. Fettsäuren / 18.9 g Kohlenhydrate / 14.5 g Zucker / 3 g Ballaststoffe / 10 g Eiweiß / 0.1 g Salz*

Gesunde Getränke

Rubinroter Muntermacher

Für 1 Person

Vorbereitung: 15 Minuten
Garzeit: keine

1 rote Grapefruit, Schale und etwas weiße Haut entfernt, entkernt und grob gehackt
¼ Salatgurke, grob gehackt
150 g Erdbeeren, geputzt
1 Handvoll gestoßenes Eis (nach Belieben)

Im Handumdrehen zubereitet garantiert dieser verlockende Smoothie voller Vitamin C einen Superstart in den Tag.

1. Grapefruit und Gurke im Standmixer glatt pürieren.

2. Erdbeeren und gestoßenes Eis, falls verwendet, zufügen und alles mixen.

3. In ein Glas gießen und servieren.

Pro Portion: *162 kcal / 0.8 g Fett / 0 g ges. Fettsäuren / 40.4 g Kohlenhydrate / 25.5 g Zucker / 7.3 g Ballaststoffe / 3.4 g Eiweiß / Spuren von Salz*

Alkoholfreier Melonen-Mojito

Nichts als Gesundheit und Wohlbefinden bringt dieser leuchtend grüne Mojito, der ohne Alkohol auskommt. Stattdessen liefern frische Früchte und Spinat den nötigen nährstoffreichen Energieschub nach einem Training.

Für 1 Person

Vorbereitung: 15–20 Minuten
Garzeit: keine

20 g Spinat, gewaschen und abgetropft
50 g frisches Kokosnussfleisch
200 ml Eiswasser
100 g Cantaloupe-Melone, Schale entfernt, entkernt und in Stücke geschnitten
1 EL frisch gehackte Minze
Saft von ½ Limette
50 g Mango, geschält, vom Stein geschnitten und gehackt, plus 1 Scheibe zum Dekorieren
gestoßenes Eis, zum Servieren (nach Belieben)

1. Spinat, Kokosnuss und Eiswasser in den Standmixer geben und zerkleinern.

2. Melone, Minze, Limettensaft und Mango zugeben und alles zu einem cremigen Getränk verarbeiten.

3. Nach Geschmack gestoßenes Eis zugeben. Mit der Mangoscheibe dekorieren und sofort servieren.

Pro Portion: *262 kcal / 17,2 g Fett / 14,9 g ges. Fettsäuren / 28 g Kohlenhydrate / 20,3 g Zucker / 7,3 g Ballaststoffe / 3,9 g Eiweiß / Spuren von Salz*

Saft aus Grünkohl, Salat & Avocado

Für 1 Person
Vorbereitung: 20 Minuten
Garzeit: keine

50 g Grünkohl, gewaschen
1 kleine Handvoll frische glatte Petersilie
½ Romana-Salat
3 Selleriestangen, halbiert
1 Apfel, halbiert
½ Zitrone
30 g Mandelblättchen
½ Avocado
1 kleine Handvoll gestoßenes Eis (nach Belieben)

Eine ordentliche Portion Obst und Gemüse zum Trinken ist genau das, was man für einen großen Energieschub braucht. Die Mandelblättchen bringen zusätzlich ungesättigte Fettsäuren und Vitamin E ins Glas.

1. Zunächst den Grünkohl, dann Petersilie und Salat im Entsafter verarbeiten. Dann 2 Selleriestangen, Apfel und Zitrone ebenfalls in den Entsafter geben.

2. Die Mandelblättchen in der Küchenmaschine fein mahlen.

3. Saft und Avocado zu den gemahlenen Mandeln geben und alles glatt pürieren. Das gestoßene Eis, falls verwendet, zufügen und erneut mixen.

4. Den Saft in ein Glas gießen. Mit der verbleibenden Selleriestange dekorieren und sofort servieren.

Pro Portion: *441 kcal / 31.6 g Fett / 3.3 g ges. Fettsäuren / 35.3 g Kohlenhydrate / 14.2 g Zucker / 9.8 g Ballaststoffe / 13.9 g Eiweiß / 0.3 g Salz*

Energiespender mit Spinat & Melone

Für 1 Person

Vorbereitung: 15 Minuten
Garzeit: keine

½ Galia-Melone, Schale entfernt und in dicke Stücke geschnitten
85 g Babyspinat, gewaschen und abgetropft
2 große Stängel frische glatte Petersilie
3 große Zweige frische Minze
1 kleine Handvoll Eiswürfel (nach Belieben)

Antioxidantienspendender Spinat und vitaminreiche Galia-Melone verbinden sich in diesem erfrischenden, fettfreien Getränk mit Gartenkräutern zu einem echten Kraftspender.

1. Zunächst die Melone, dann Spinat, Petersilie und 2 Minzezweige im Entsafter verarbeiten.

2. Ein Glas halb mit Eiswürfeln, falls verwendet, füllen und mit dem Saft aufgießen.

3. Mit dem verbleibenden Minzezweig dekorieren und servieren.

Pro Portion: *71 kcal / 0,5 g Fett / 0 g ges. Fettsäuren / 14,3 g Kohlenhydrate / 11,5 g Zucker / 0,6 g Ballaststoffe / 2,2 g Eiweiß / 0,2 g Salz*

Gemüse-Muntermacher mit Orange

Der Magen bleibt in Topform mit diesem Orangen-Tomaten-Trunk. Das Hanföl sorgt für mehrfach ungesättigte Fettsäuren und reichlich Vitamin E.

Für 1 Person

Vorbereitung: 20 Minuten
Garzeit: keine

3 Orangen, Schale und etwas weiße Haut entfernt
1 Karotte, halbiert
2 Tomaten, grob gehackt
125 ml kaltes Wasser
1 kleiner frischer grüner Chili, halbiert
2 Selleriestangen, in dicke Scheiben geschnitten
2 TL Hanföl

1. 2 Orangen halbieren und zusammen mit der Karotte entsaften. Den Saft in einen Standmixer gießen.

2. Die dritte Orange grob hacken, die Kerne entfernen und das Fruchtfleisch mit Tomaten und Wasser in den Mixer geben. Alles zu einer glatten Mischung verarbeiten.

3. Chili und Sellerie zufügen und untermixen. In ein Glas gießen, das Hanföl unterrühren und servieren.

Pro Portion: *302 kcal / 10.5 g Fett / 1.4 g ges. Fettsäuren / 50.3 g Kohlenhydrate / 37.1 g Zucker / 8 g Ballaststoffe / 5.8 g Eiweiß / 0.1 g Salz*

Muntermacher mit Brokkoli & Petersilie

Für 1 Person
Vorbereitung: 15 Minuten
Garzeit: keine

115 g Brokkoli, in Röschen zerteilt
30 g frische glatte Petersilie
½ Fenchelknolle, in Stücke geschnitten
2 Äpfel, halbiert
eisgekühltes Wasser (nach Belieben)
1 kleine Handvoll Eiswürfel (nach Belieben)

Nach dem Training oder großer Anstrengung wirkt dieser vitamin- und mineralstoffreiche Saft belebend und erfrischend. Frei von Industriezucker ist er die gesunde Alternative zu Cola und Energy-Drinks.

1. Zunächst Brokkoli und Petersilie, anschließend Fenchel und Äpfel im Entsafter verarbeiten.

2. Den Saft nach Belieben mit eisgekühltem Wasser auffüllen.

3. Ein Glas halb mit Eiswürfeln, falls verwendet, füllen und den Saft darübergießen. Sofort servieren.

Pro Portion: *119 kcal / 0.6 g Fett / 0 g ges. Fettsäuren / 27 g Kohlenhydrate / 15.1 g Zucker / 0.2 g Ballaststoffe / 3.2 g Eiweiß / 0.2 g Salz*

Rosenkohltrunk

Für 1 Person

Vorbereitung: 10 Minuten
Garzeit: keine

75 g Rosenkohl, geputzt
25 g Rote-Bete-Blätter
30 g Mangold
250 ml ungezuckerte Reismilch

Rosenkohl hat viel zu bieten: Vitamine, Mineral- sowie Ballaststoffe und auch Eiweiß. In diesem gesunden Gemüsetrunk schmeckt er zudem noch hervorragend.

1. Rosenkohl, Rote-Bete-Blätter und Mangold in den Standmixer oder die Küchenmaschine geben.

2. Die Reismilch dazugießen und alles zu einem cremigen Getränk verarbeiten.

3. Den Trunk in ein Glas füllen und sofort servieren.

Pro Portion: *162 kcal / 2,7 g Fett / 0 g ges. Fettsäuren / 31,8 g Kohlenhydrate / 15,2 g Zucker / 5 g Ballaststoffe / 4,2 g Eiweiß / 0,5 g Salz*

Ginsengtee mit Rucola & Apfel

Für 1 Person

Vorbereitung: 10 Minuten, plus Ziehen
Garzeit: keine

1 Ginseng-Teebeutel oder 1 TL Ginsengtee
150 ml kochendes Wasser
1 Apfel, halbiert
40 g Rucola

1. Den Teebeutel oder Tee in eine Tasse geben, mit dem kochenden Wasser übergießen und 4 Minuten ziehen lassen. Durch ein Sieb in ein Glas abseihen.

2. Zunächst den Apfel, dann den Rucola im Entsafter verarbeiten.

3. Den Saft in den Tee rühren und warm servieren.

Dieser belebende Trunk schmeckt auch kalt. Einfach abkühlen lassen und mit ein paar Eiswürfeln verrührt servieren.

Pro Portion: *48 kcal / 0.3 g Fett / 0 g ges. Fettsäuren / 10.4 g Kohlenhydrate / 7.6 g Zucker / 0.1 g Ballaststoffe / 1.1 g Eiweiß / Spuren von Salz*

Proteinreicher Beeren-Shake

Für 4 Personen

Vorbereitung: 10–15 Minuten
Garzeit: keine

200 g gefrorene Erdbeerscheiben
55 g gefrorene Blaubeeren
40 g Paranusskerne
40 g Cashewkerne, gehackt
25 g Haferflocken
450 ml Mandelmilch
2 EL Ahornsirup

1. Beeren, Paranüsse und Cashewkerne in einen Standmixer geben. Die Haferflocken darüberstreuen und die Hälfte der Mandelmilch darübergießen. Glatt mixen.

2. Restliche Milch und Ahornsirup zugießen und erneut glatt mixen.

3. Auf vier Gläser verteilen und sofort mit Löffeln servieren. Sobald der Shake ruht, setzen sich die Fruchtbestandteile ab, aber wenn Sie rühren, vermischt sich wieder alles.

Dieser Shake enthält viel Eiweiß, das sehr wichtig für den Aufbau von Muskeln ist und die Abwehr gegen Infektionen stärkt.

Pro Portion: *209 kcal / 12,8 g Fett / 2,4 g ges. Fettsäuren / 21,5 g Kohlenhydrate / 10,4 g Zucker / 3,6 g Ballaststoffe / 5 g Eiweiß / 0,1 g Salz*

Blütenpollen-Nektarinen-Shake

Nährstoffreiche Blütenpollen verleihen diesem Nektarinen-Milchshake echten Pfiff. Milch und Naturjoghurt bilden die Kaliumgrundlage, der Honig sorgt für feine Süße.

Für 2 Personen

Vorbereitung: 15 Minuten
Garzeit: keine

2 reife Nektarinen, geviertelt, plus
2 Nektarinenscheiben zum Dekorieren
200 ml fettarme Milch
2 EL griechischer Naturjoghurt
1 EL Blütenpollen, plus etwas mehr zum Dekorieren
1 TL flüssiger Honig
1 Handvoll Eiswürfel

1. Nektarinen, Milch, Joghurt, Blütenpollen und Honig in den Standmixer geben und kurz auf hoher Stufe zerkleinern. Die Eiswürfel zugeben und alles zu einem glatten Getränk verarbeiten.

2. Den Shake in gekühlte Gläser füllen und mit Blütenpollen und je 1 Nektarinenscheibe dekorieren. Sofort servieren.

Pro Portion: *163 kcal / 3.2 g Fett / 1.8 g ges. Fettsäuren / 28.7 g Kohlenhydrate / 22.8 g Zucker / 2.6 g Ballaststoffe / 7.3 g Eiweiß / 0.1 g Salz*

Rohkakao-Shake

Mit diesem verlockend schokoladigen Shake ohne Milch oder Gluten kommt der Gaumen morgens richtig auf Touren. Der perfekte Start in den Tag auch für Veganer.

Für 4 Personen

Vorbereitung: 10 Minuten
Garzeit: keine

400 ml Mandelmilch
85 g getrocknete Datteln
85 g Cashewkerne
2 EL Rohkakaopulver
1 TL Zimt
1 Handvoll Eiswürfel
1 EL Orangenzesten, zum Dekorieren

1. Mandelmilch, Datteln, Cashewkerne, Rohkakao, Zimt und Eis in den Standmixer geben.

2. Alles gründlich zerkleinern, bis ein cremiges Getränk entsteht.

3. In gekühlte Gläser füllen, mit den Orangenzesten dekorieren und sofort servieren.

Pro Portion: *198 kcal / 10.8 g Fett / 2 g ges. Fettsäuren / 24.9 g Kohlenhydrate / 15.5 g Zucker / 3.9 g Ballaststoffe / 5.2 g Eiweiß / 0.1 g Salz*

Ananas-Eistee mit Minze

Dieser erfrischende Eistee verbindet die heilenden Eigenschaften des Ingwers mit belebender Minze und hat nebenbei eine Menge Vitamine und Mineralstoffe zu bieten. So ist der Durst zu jeder Zeit des Tages rasch gelöscht.

Ergibt 500 ml

Vorbereitung: 20–25 Minuten, plus Ziehen
Garzeit: 45 Minuten

1 Ananas
1 l Wasser
30 g frische Minzezweige
5-cm-Stück frische Ingwerwurzel, in feine Scheiben geschnitten
125 ml Agavendicksaft
gestoßenes Eis
2 EL Minzeblätter, zum Servieren

1. Von der Ananas den Boden und die Spitze samt den Blättern mit einem scharfen Messer abtrennen, dann die Schale rundum streifenweise abschneiden. Die Frucht halbieren und den holzigen Strunk in der Mitte entfernen. Das Fruchtfleisch in 2 cm große Würfel schneiden.

2. Das Wasser in einen Topf gießen und Ananas, Minze und Ingwer zugeben. Den Agavendicksaft einrühren und die Mischung auf mittlerer Stufe erhitzen. 45 Minuten köcheln lassen, bis die Flüssigkeit zur Hälfte eingekocht ist.

3. Vom Herd nehmen, einen Deckel aufsetzen und die Mischung etwa 4–5 Stunden ziehen lassen. Danach mit einem Schaumlöffel Minzezweige und Ingwer entfernen.

4. Zum Servieren das gestoßene Eis in ein großes Gefäß mit Ausgießer füllen und die Minzeblätter hineingeben. Den Eistee mit den Ananasstücken darübergießen und alles gut verrühren. Dann sofort servieren.

Pro 500 ml: *810 kcal / 1.2 g Fett / 0.1 g ges. Fettsäuren / 206.8 g Kohlenhydrate / 177.1 g Zucker / 13.5 g Ballaststoffe / 5.3 g Eiweiß / Spuren von Salz*

Kiwi-Gurken-Wasser

Ergibt 1,5 l

Vorbereitung: 20 Minuten, plus Gefrieren
Garzeit: keine

½ Salatgurke
2 Kiwis, geschält und in dicke Scheiben geschnitten
1 l Eiswasser

Zitronen-Eiswürfel

feine Zesten von 1 Zitrone
Wasser, zum Auffüllen der Eiswürfelform

Eiswasser wird mit einem Hauch Kiwi und Gurke zu dieser entschlackenden Erfrischung mit fein säuerlichen Eiswürfeln aus Zitronenwasser. Einer der ganz großen Durstlöscher, wenn es draußen heiß wird!

1. Die Zitronen-Eiswürfel mindestens 4 Stunden vor Beginn zubereiten. Dafür die Zitronenzesten so zerkleinern, dass die Stücke gut in die Mulden der Eiswürfelform passen. Die Zesten in die Mulden geben und mit Wasser auffüllen. Bis zur Verwendung mindestens 4 Stunden gefrieren.

2. Zum Servieren aus der Gurke mit einem Sparschäler dünne lange Streifen schneiden. Die Gurkenstreifen mit den Kiwischeiben in einen Krug füllen.

3. Die Zitronen-Eiswürfel in den Krug geben und mit Eiswasser auffüllen. Sofort servieren.

Pro 1,5 l: *110 kcal / 0.9 g Fett / 0.1 g ges. Fettsäuren / 26.7 g Kohlenhydrate / 15.1 g Zucker / 5.5 g Ballaststoffe / 2.7 g Eiweiß / Spuren von Salz*

Fenchel-Ingwer-Tee mit Kardamom

Dieser wohltuende, duftende Gewürztee schmeckt auch ohne Zucker herrlich aromatisch. Ingwer hilft der Verdauung und verleiht dem Heißgetränk zudem entzündungshemmende Wirkung.

Ergibt 1 l

Vorbereitung: 10–15 Minuten, plus Ziehen
Garzeit: keine

10 grüne Kardamomkapseln
1 TL Fenchelsamen
8-cm-Stück frische Ingwerwurzel, in Scheiben geschnitten
1 l kochendes Wasser

1. Die Kardamomkapseln auf einem Schneidebrett mit einem Nudelholz vorsichtig zerdrücken.

2. Die zerdrückten Kardamomkapseln in eine Teekanne geben. Fenchelsamen und frischen Ingwer zugeben. Mit dem kochenden Wasser übergießen und den Tee 5–6 Minuten ziehen lassen.

3. Den Tee durch ein Teesieb in Tassen gießen und sofort servieren.

Pro 1 l: *2 kcal / 0 g Fett / 0 g ges. Fettsäuren / 0.5 g Kohlenhydrate / 0 g Zucker / 0.1 g Ballaststoffe / 0.1 g Eiweiß / Spuren von Salz*

Masala Chai

Ergibt 600 ml

Vorbereitung: 15 Minuten
Garzeit: 30–35 Minuten

1 EL loser Assam-Tee
5-cm-Stück frische Ingwerwurzel, gerieben
2 Zimtstangen
5 ganze schwarze Pfefferkörner
6 Gewürznelken
5 grüne Kardamomkapseln, zerdrückt
2 Sternanisfrüchte
300 ml fettarme Milch
1 EL Honig

Dieser köstliche indische Gewürztee mit Ingwer, Zimt und Nelken wärmt und belebt Körper und Geist. Ein wenig Honig verleiht ihm natürliche Süße ohne Industriezucker.

1. 300 ml Wasser in einen Topf geben und auf mittlerer Stufe aufkochen. Den Assam-Tee einrühren und 3–4 Minuten köcheln lassen.

2. Ingwer, Zimtstangen, Pfefferkörner, Nelken, Kardamom und Sternanise einrühren und 12–15 Minuten auf niedriger Stufe köcheln lassen. Dann die Milch einrühren und weitere 10 Minuten köcheln lassen.

3. Den Tee mit dem Honig süßen. Durch ein Teesieb in Teebecher, Tassen oder hitzebeständige hohe Gläser gießen und sofort servieren.

Pro 600 ml: *217 kcal / 5,9 g Fett / 3,8 g ges. Fettsäuren / 32,5 g Kohlenhydrate / 32,4 g Zucker / 0,2 g Ballaststoffe / 10 g Eiweiß / 0,4 g Salz*

Register